全国普法宣传活动推荐用书

法律百科

看得懂用得上的法律常识

主　编：张思星

副主编：李　坤　陈亚楠　李亚宁

编　委：张思星　李　坤　陈亚楠

李亚宁　葛佩琪　汪子元

台海出版社

图书在版编目（CIP）数据

法律百科：看得懂用得上的法律常识 / 张思星主编
. -- 北京：台海出版社，2021.2（2023.8 重印）
ISBN 978-7-5168-2885-4

Ⅰ. ①法… Ⅱ. ①张… Ⅲ. ①法律—中国—通俗读物
Ⅳ. ① D920.4

中国版本图书馆 CIP 数据核字（2021）第 023399 号

法律百科：看得懂用得上的法律常识

主　　编：张思星

出 版 人：蔡　旭　　　　封面设计：张合涛
责任编辑：赵旭雯

出版发行：台海出版社
地　　址：北京市东城区景山东街 20 号　邮政编码：100009
电　　话：010 — 64041652（发行，邮购）
传　　真：010 — 84045799（总编室）
网　　址：www.taimeng.org.cn/thcbs/default.htm
E － mail：thcbs@126.com

经　　销：全国各地新华书店
印　　刷：三河市嘉科万达彩色印刷有限公司
本书如有破损、缺页、装订错误，请与本社联系调换

开　　本：710 毫米 ×1000 毫米　1/16
字　　数：303 千字　　印　　张：18.75
版　　次：2021 年 2 月第 1 版　　印　　次：2023 年 8 月第 2 次印刷
书　　号：ISBN 978-7-5168-2885-4

定　　价：59.80 元

前言

随着政治经济的不断发展，我国法治社会的进程不断推进，党的十九大更是开启了法治中国建设的新征程。在一个法治国家，学习法律对于每个人来说都应该是一项必修课。国家每年都会出台各项措施来进行全面普法，其目的就是尽可能让大家都能对法律有所了解，让每一位公民都能知法、懂法、守法、用法。每一位公民从出生到死亡，每一个法人从成立到注销，无时无刻不受法律的制约，不受法律的保护。生活中的事无论大小，都与法律相关，不懂法很可能会在无意中侵犯他人的权益，同时也可能在面对自己合法权益受到侵害时束手无策。

近几年来，我国公民的法律观念有了很大的提升，公民的维权意识也越来越强。在面对生活中的问题、矛盾和纠纷的时候，越来越多的人愿意选择通过法律的手段来解决。但是在这个过程中，仍然存在一些问题，比如很多人不知道到底应该适用哪部法律，或者就算知道法律的规定但是不知如何具体应用，等等。那么，为了帮助大家进一步了解和学习有关社会生活的法律，我们编写了这本《法律百科：看得懂用得上的法律常识》，这本书内容丰富，涵盖了房产、道路交通、五险一金、社会保障、医疗事故、自主创业、保护财产、行政执法、民事纠纷等诸多方面的法律知识，希望能给大家的家庭生活、社会工作提供规范、进行指引。

本书中，每节内容主要包括三个模块：

第一，生活实例。我们针对生活和工作中可能遇到的一些问题，整理汇编成了语言通俗、内容生动的案例，以引发大家学习法律知识的兴趣，让每个有类似经历的读者都能更直观地了解故事背后的法律问题。

第二，律师讲解。针对上面的生活实例，我们以专业律师的角度和水准给大家做出了详细而全面的解答，使大家能够获得相关的法律知识，解决所遇到的问题。

第三，法条链接。在律师讲解之后，我们列明了解决案例问题所依据的法律条文，给大家一个宏观学习和了解法律专业知识的机会，加深对有关法律知识的印象，并可以灵活运用。

本书实用性强，通俗易懂却又精益求精，在内容上贴近生活，在讲解上尽可能避开法言法语，简洁准确地对问题进行分析和解答，力求让每一位读者都能读懂、学会本书中的法律知识。

张思星

目录

第一章　房产法律常识

第四章　社会保障法律常识

第五章　医疗事故处理法律常识

第七章　财产保护法律常识

第九章　民事纠纷解决法律常识

第一章　房产法律常识

一、房产买卖与租赁

1. 开发商的广告宣传与实际情况不符，其是否需要承担违约责任?

生活实例

吴某看了某开发商的宣传广告购得一套商品房，等他拿到钥匙后发现，该房子与开发商售房广告上所说的相去甚远。广告上宣称的幼儿园、水池、凉亭等根本不见踪影。吴某感觉上当受骗，遂要求开发商承担违约责任，开发商始终未予理睬。那么，吴某能否以开发商的广告与实际情况不符要求其承担违约责任呢?

律师讲解

开发商应当承担违约责任。《民法典》第四百七十三条明确规定，商业广告和宣传属于要约邀请。同时，根据《最高人民法院关于审理商品房买卖合同纠纷案件适用法律若干问题的解释》第三条的规定，商品房的销售广告和宣传资料为要约邀请，如对其相关设施所作的说明和允诺具体确定的，且对商品房买卖合同的订立及价格有重大影响的，构成要约。即使该说明和允诺未载入买卖合同，亦应当为合同内容。所以，当吴某按照开发商的销售广告购买该房屋，其广告内容上的说明和允诺应视为合同内容，开发商应按合同内容履行义务，否则应承担违约责任。

法条链接

《中华人民共和国民法典》

第四百七十三条 要约邀请是希望他人向自己发出要约的表示。拍卖公告、招标公告、招股说明书、债券募集办法、基金招募说明书、商业广告和宣传、寄送的价目表等为要约邀请。

商业广告和宣传的内容符合要约条件的，构成要约。

《最高人民法院关于审理商品房买卖合同纠纷案件适用法律若干问题的解释》

第三条 商品房的销售广告和宣传资料为要约邀请，但是出卖人就商品房开发规划范围内的房屋及相关设施所作的说明和允诺具体确定，并对商品房买卖合同的订立以及房屋价格的确定有重大影响的，构成要约。该说明和允诺即使未载入商品房买卖合同，亦应当为合同内容，当事人违反的，应当承担违约责任。

2. 商品房的保修期应该从何时起算？

生活实例

老王准备在市区购买一套商品房，但由于该地区所处的地理位置气候条件比较恶劣，日后免不了为房屋修修补补。为此，老王咨询了几个朋友，朋友告诉老王在跟开发商签订合同时一定要注意保修期的问题。请问，房子也有保修期吗？那这保修期该如何计算？

律师讲解

房子保修期的长短，一般是由买卖双方根据自己的实际情况协商确定的。根据《商品房销售管理办法》第三十三条的规定，房地产开发企业应当对所售商品房承担质量保修责任。当事人应当在合同中就保修范围、保修期限、保修责任等内容作出约定。保修期从交付之日起计算。但是，即使房地产商与买房者约定保修期从交付使用日起算，他们也很可能会做一些手脚。比如，将房屋竣工验收合格到交付之间的时间计算在内。所以，买房者在与开发商签订合同时一定要注意保修期的时限，避免错过保修时间给自己带来损失。

法条链接

《商品房销售管理办法》

第三十三条　房地产开发企业应当对所售商品房承担质量保修责任。当事人应当在合同中就保修范围、保修期限、保修责任等内容作出约定。保修期从交付之日起计算。

商品住宅的保修期限不得低于建设工程承包单位向建设单位出具的质量保修书约定保修期的存续期；存续期少于《规定》中确定的最低保修期限的，保修期不得低于《规定》中确定的最低保修期限。

非住宅商品房的保修期限不得低于建设工程承包单位向建设单位出具的质量保修书约定保修期的存续期。

在保修期限内发生的属于保修范围的质量问题，房地产开发企业应当履行保修义务，并对造成的损失承担赔偿责任。因不可抗力或者使用不当造成的损坏，房地产开发企业不承担责任。

3. 新房出现质量问题可以要求开发商退房吗？

生活实例

几个月前，庞某购买了某房地产公司开发的住宅楼。然而，住进去没多久庞某发现，面积36平方米的客厅地面出现了下沉，四周墙角也出现了裂缝。而此房经有关部门鉴定为：主体结构不符合国家建筑结构规范，墙角的裂缝宽度超过允许范围。庞某找开发商交涉，要求退房，而开发商承认房子存在质量问题，但只同意维修，不肯退房。那么，庞某的问题应如何解决呢？

律师讲解

庞某可以要求开发商退房并为其损失承担赔偿责任。《城市房地产开发经营管理条例》第三十一条规定，主体结构质量不合格的，购房人有权退房，给购房人造成损失的，房地产开发企业应当承担赔偿责任。本案中，庞某的房屋经有关部门鉴定为主体结构不符合国家建筑结构规范，显然属于主体结构质量不合格，所以，开发商理应为此承担责任，为庞某退房，并承担赔偿责任。

法条链接

《城市房地产开发经营管理条例》

第十六条 房地产开发企业开发建设的房地产项目，应当符合有关法律、法规的规定和建筑工程质量、安全标准、建筑工程勘察、设计、施工的技术规范以及合同的约定。

房地产开发企业应当对其开发建设的房地产开发项目的质量承担责任。

勘察、设计、施工、监理等单位应当依照有关法律、法规的规定或者合同的约定，承担相应的责任。

第三十一条 商品房交付使用后，购买人认为主体结构质量不合格的，可以向工程质量监督单位申请重新核验。经核验，确属主体结构质量不合格的，购买人有权退房；给购买人造成损失的，房地产开发企业应当依法承担赔偿责任。

4. 约定30年租期的房屋租赁合同有效吗?

生活实例

程某刚参加工作不久就想买一套房子，可是由于积蓄有限，最后决定长期租房居住。后经人介绍与苏某签订了一份租房合同，苏某将自己在市区的一套住房租给了程某。双方为避免麻烦，签订的合同期限为30年。请问，双方的租赁合同有效吗？

律师讲解

根据我国《民法典》第七百零五条的规定可知，租赁合同的最长期限为20年，超出法定期限部分无效。也就是说本案中，程某最多只能与苏某签订20年的租赁期限，超过20年的部分则不受法律保护。如果程某欲长期租赁，也只能在20年的租赁期间届满时再与苏某续订租赁合同，但续订租赁合同同样不得超过20年。

法条链接

《中华人民共和国民法典》

第七百零五条　租赁期限不得超过二十年。超过二十年的，超过部分无效。

租赁期限届满，当事人可以续订租赁合同；但是，约定的租赁期限自续订之日起不得超过二十年。

5. 房屋租赁权可以继承吗？

生活实例

段某与彭某签订了一份房屋租赁合同，合同约定：彭某将自己的一套房子租给段某一家三口居住，租期为5年。两周前，段某因交通事故被撞身亡，彭某知道后遂要求段某的家人在一个月内搬走。段某的家人认为虽然段某已经去世，但双方签订的租赁合同并未到期，作为段某的家人有权继续租赁该房屋。请问，段某家人的说法成立吗？

律师讲解

段某家人的说法成立，他们有权继续租赁该房屋。我国《民法典》第七百三十二条规定，承租人在房屋租赁期间内死亡的，与其生前共同居住的人或者共同经营人可以按照原租赁合同租赁该房屋。本案中，虽然段某已经死亡，但双方签订的租赁合同并未到期，其生前一起居住的家人有权继续租住在该房屋内，直至租赁合同到期。

法条链接

《中华人民共和国民法典》

第七百三十二条 承租人在房屋租赁期限内死亡的，与其生前共同居住的人或者共同经营人可以按照原租赁合同租赁该房屋。

6. 谁应承担因修缮出租房屋而产生的费用？

生活实例

甲与乙签订了一份租期为3年的房屋租赁合同。合同约定：乙将自己的三间平房出租给甲一家居住，甲按年支付租金。合同签订后，甲先支付乙1年的租金。前两个月，因当地雨水比较频繁，导致甲租住的三间房中的一间漏雨。甲要求乙修理遭到拒绝，后甲只好自己请人维修。甲为此支付修理费1000元。那么，甲为修理房屋支付的1000元应由谁承担呢？

律师讲解

该笔维修费应由乙承担。我国《民法典》第七百一十三条规定，出租人未履行维修义务的，承租人可以自行维修，维修费用由出租人负担。本案中甲与乙既然签订了合法的租赁合同，双方就都应依法履行自己的义务。而房屋在因下雨导致漏雨后，乙作为出租人应当履行租赁物的维修义务，但乙却未履行自己的义务，后甲在要求乙对房屋进行维修时遭拒，才自行请人修理。因此，甲为维修房屋支付的费用应当由乙负担。

法条链接

《中华人民共和国民法典》

第七百一十三条　承租人在租赁物需要维修时可以请求出租人在合理期限内维修。出租人未履行维修义务的，承租人可以自行维修，维修费用由出租人负担。因维修租赁物影响承租人使用的，应当相应减少租金或者延长租期。

因承租人的过错致使租赁物需要维修的，出租人不承担前款规定的维修义务。

二、房产抵押

7. 可以再次出售已经做过抵押的房屋吗？

生活实例

李某是一个个体工商户，因为经营需要，向朋友张某借了25万元。双方签订了借款合同，李某还将自己的一套楼房抵押给了张某，并办理了抵押登记手续。经营了一年多，李某的生意一再亏本，张某又一直催促李某还款，于是李某决定把房子卖掉偿还所欠债务。经人介绍，李某找到了买家，对方愿意出价100万元，并承诺李某腾空房子后就付全款。李某觉得比较合适，欲将房屋卖与此人，但李某存在一些困惑，自己的房屋已经抵押给了张某，法律上是否允许他将房子出售呢？

律师讲解

根据《民法典》第四百零六条的规定，除非当事人另有约定，抵押期间，抵押人可以转让抵押财产。但是，抵押人转让抵押财产的，应及时通知抵押权人。如果抵押权人能够证明抵押财产转让可能损害抵押权的，可以请求抵押人将转让所得的价款向抵押权人提前清偿债务或者提存。转让的价款超过债权数额的部分归抵押人所有，不足部分由债务人清偿。因此，本案中的李某可以转让房屋，张某的抵押权不受影响，但必须及时通知张某，这是为了保障债权人的利益。另外，如果张某对其抵押权的实现有顾虑，可以要求李某将转让所得的价款用于提前清偿债务或办理提存。

法条链接

《中华人民共和国民法典》

第四百零六条 抵押期间，抵押人可以转让抵押财产。当事人另有约定的，按照其约定。抵押财产转让的，抵押权不受影响。

抵押人转让抵押财产的，应当及时通知抵押权人。抵押权人能够证明抵押财产转让可能损害抵押权的，可以请求抵押人将转让所得的价款向抵押权人提前清偿债务或者提存。转让的价款超过债权数额的部分归抵押人所有，不足部分由债务人清偿。

8. 设定两次抵押的房屋在处分后，其价款应如何分配？

生活实例

2017 年 11 月，某家具城为成立分店，向当地建设银行抵押贷款 100 万元，贷款期限两年，并将总厂的库房作为抵押房屋办理了抵押登记。去年秋季，由于分店经营困难，该家具城又向客户金某借款 50 万元，并以总厂库房再次做了抵押登记。最近，因家具城无力偿还银行和金某的到期债权，抵押权人协商向法院申请拍卖抵押房屋，但两抵押权人对拍卖后所得的拍卖款 140 万元的分配问题争执不下。请问，他们该如何依法分配呢？

律师讲解

同一财产设定两个以上抵押权的，拍卖款按抵押登记先后顺序进行偿付。根据《民法典》第四百一十四条的规定，同一财产设定两个以上抵押权的，首先依据抵押权登记的时间先后确定清偿顺序；如果有的未办理抵押权登记，有的办理了抵押权登记，则优先清偿已经办理登记的抵押权；若均未办理抵押权登记的，按照债权比例清偿。据此，案例中，抵押权登记在先的银行先行受偿，剩余 40 万元偿还抵押权登记在后的金某。

法条链接

《中华人民共和国民法典》

第四百一十四条 同一财产向两个以上债权人抵押的，拍卖、变卖抵押财产所得的价款依照下列规定清偿：

（一）抵押权已经登记的，按照登记的时间先后确定清偿顺序；

（二）抵押权已经登记的先于未登记的受偿；

（三）抵押权未登记的，按照债权比例清偿。

其他可以登记的担保物权，清偿顺序参照适用前款规定。

9. 面临拆迁的房产可以抵押吗？

生活实例

为改善公司经营困境，秦某以个人名义向自己曾经的一个外地客户借款 200 万元，并承诺将自家一处 300 平方米的独家小院抵押给客户齐某。齐某十分爽快地答应了，立刻就往秦某的账户汇入了 100 万元，并答应三天后支付另一半。其间齐某到秦某所在的地区洽谈业务时发现，秦某抵押给自己的房产在两年前就被当地政府列入新城区改造范围，即将面临拆迁。齐某大惊，那么，面临拆迁的房产可以抵押吗？

律师讲解

根据我国《城市房地产抵押管理办法》第八条的规定，已依法公告列入拆迁范围的房地产不得设定抵押。据此，秦某向齐某抵押的房地产不符合抵押的规定。在抵押发生之前，秦某的那处房产已经属于拆迁范围，该抵押就是违法的。在本案中，秦某的抵押行为显然违法，建议齐某尽快要求秦某另行提供已付款项的担保，剩余款项待确定能够合法担保后再支付。

法条链接

《城市房地产抵押管理办法》

第八条 下列房地产不得设定抵押：

……

（四）已依法公告列入拆迁范围的房地产；

……

10. 用房子做抵押时，房子的价格怎样确定？

生活实例

周某看朋友的公司盈利情况很好就想入股，但需要拿出100万元资金。由于资金有限，周某就将自己的房子抵押给了当地石矿的老板孙某，想借款80万元。但是，孙某认为周某的房子不值那么多钱，两人就房产价值一直无法达成一致。那么，用房子做抵押时，房产的价格应当怎样确定呢？

律师讲解

根据我国《城市房地产抵押管理办法》第二十二条的规定，设定房地产抵押时，抵押房地产的价值可以由抵押当事人协商议定，也可以由房地产价格评估机构评估确定。法律、法规另有规定的除外。据此，确定抵押房地产的价值有两种方式：第一种是当事人协商议定；第二种就是由房地产价格评估机构评估确定。本案中，周某与孙某对抵押的房产价值无法达成一致，所以就需要找一家房地产价格评估机构评估确定，这种方式是由房地产专业人员以专业评估知识与素养进行房产价值确定，对于双方当事人是比较公平公正和可信赖的。

法条链接

《城市房地产抵押管理办法》

第二十二条　设定房地产抵押时，抵押房地产的价值可以由抵押当事人协商议定，也可以由房地产价格评估机构评估确定。

法律、法规另有规定的除外。

11. 因抵押人的过失而导致抵押房屋失火的，应当怎么办？

生活实例

两年前，赵某的父母先后患上重病，为了照顾老人，赵某只得辞掉工作。同年秋天，因为母亲急需二次手术，赵某向朋友林某借款 10 万元。林某同意了赵某的借款，但要求赵某提供抵押，赵某就将自己居住的两居室抵押给了林某。一天，赵某忙完后，由于疲劳过度，煮粥的时候躺在沙发上睡着了，引发火灾导致房屋失火，所幸发现及时，房屋损失不是很大。那么，抵押人不小心导致所抵押房屋失火的，该怎么办？

律师讲解

根据《民法典》第四百零八条的规定，当抵押人的行为足以使抵押财产价值减少时，抵押权人有权请求抵押人停止其行为；若抵押财产价值减少，抵押权人有权请求恢复抵押财产的价值，或者提供与减少的价值相应的担保。抵押人不恢复抵押财产的价值，也不提供担保的，抵押权人有权请求债务人提前清偿债务。基于此，本案中赵某应当将此情况及时告知抵押权人林某，二人一起对房屋毁损情况进行评估。如该房屋损失不大，不影响抵押权人债权的实现的话，对林某并无特别影响。如果毁损严重，导致房屋价值减少的话，林某就可以要求赵某恢复房屋价值或提供相应的担保。

法条链接

《中华人民共和国民法典》

第四百零八条 抵押人的行为足以使抵押财产价值减少的，抵押权人有权请求抵押人停止其行为；抵押财产价值减少的，抵押权人有权请求恢复抵押财产的价值，或者提供与减少的价值相应的担保。抵押人不恢复抵押财产的价值，也不提供担保的，抵押权人有权请求债务人提前清偿债务。

12. 如何分配拍卖抵押房屋所得的价款?

生活实例

李某大学毕业后，想在家乡开一家服装加盟店。李某的父亲就向自己的朋友周某借款50万元，并以自己的房屋做了抵押登记。后来，李某经营失败，李某的父亲无力偿还其借款，周某遂向法院申请拍卖抵押房屋，拍卖所得价款为150万元。那么，对于拍得价款150万元该如何分配?

律师讲解

根据我国《城市房地产抵押管理办法》第四十七条第一款之规定，处分抵押房地产所得金额，依下列顺序分配:（1）支付处分抵押房地产的费用;（2）扣除抵押房地产应缴纳的税款;（3）偿还抵押权人债权本息及支付违约金;（4）赔偿由债务人违反合同而对抵押权人造成的损害;（5）剩余金额交还抵押人。因此，本案中拍卖价款应先行支付处分行为发生的费用，然后在扣除相应税金及债务本息之后，将余款交还李某的父亲。

法条链接

《城市房地产抵押管理办法》

第四十七条第一款　处分抵押房地产所得金额，依下列顺序分配：

（一）支付处分抵押房地产的费用；

（二）扣除抵押房地产应缴纳的税款；

（三）偿还抵押权人债权本息及支付违约金；

（四）赔偿由债务人违反合同而对抵押权人造成的损害；

（五）剩余金额交还抵押人。

三、房屋拆迁

13. 如何确定被征收房屋的价值?

生活实例

刘某居住的小区，各项基础设施已经非常落后，因此，该小区被市政府列入了整改计划。根据整改计划，市政府拟定了房屋征收补偿方案，并依法进行了公告。为确定被征收房屋的价值，刘某所在的小区居民协商选定了某房地产价格评估机构。那么，被征收房屋的价值是如何确定的呢?

律师讲解

《国有土地上房屋征收与补偿条例》第十九条第一款明确规定了被征收房屋补偿的标准：对被征收房屋价值的补偿，不得低于房屋征收决定公告之日被征收房屋类似房地产的市场价格。被征收房屋的价值，由具有相应资质的房地产价格评估机构按照房屋征收评估办法评估确定。从实体上看，补偿的标准不得低于房屋征收决定公告之日被征收房屋类似房地产的市场价格；从程序上看，必须是以评估的结果为准。

此外，根据《国有土地上房屋征收评估办法》第十三条第一款及第十四条的规定，注册房地产估价师应当根据评估对象和当地房地产市场状况，对市场法、收益法、成本法、假设开发法等评估方法进行适用性分析后，选用其中一种或者多种方法对被征收房屋价值进行评估。被征收房屋价值评估应当考虑被征收房屋的区位、用途、建筑结构、新旧程度、建筑面积以及占地面积、土地使用权等影响被征收房屋价值的因素。被征收房屋室内装饰装修价值，机器设备、物资等搬迁费用，以及停产停业损失等补偿，由征收当事人协商确定；协商不成的，可以委托房地产价格评估机构通过评估确定。该法第十五条还规定，房屋征收评估价值应当以人民币为计价的货币单位，精确到元。

法条链接

《国有土地上房屋征收与补偿条例》

第十九条第一款 对被征收房屋价值的补偿，不得低于房屋征收决定公告之日被征收房屋类似房地产的市场价格。被征收房屋的价值，由具有相应资质的房地产价格评估机构按照房屋征收评估办法评估确定。

《国有土地上房屋征收评估办法》

第十三条第一款 注册房地产估价师应当根据评估对象和当地房地产市场状况，对市场法、收益法、成本法、假设开发法等评估方法进行适用性分析后，选用其中一种或者多种方法对被征收房屋价值进行评估。

第十四条 被征收房屋价值评估应当考虑被征收房屋的区位、用途、建筑结构、新旧程度、建筑面积以及占地面积、土地使用权等影响被征收房屋价值的因素。

被征收房屋室内装饰装修价值，机器设备、物资等搬迁费用，以及停产停业损失等补偿，由征收当事人协商确定；协商不成的，可以委托房地产价格评估机构通过评估确定。

第十五条 房屋征收评估价值应当以人民币为计价的货币单位，精确到元。

14. 对被征收房屋的价值进行评估的程序是什么?

生活实例

某县政府某年度工作计划中，有一项民心工程，预计为本县低收入家庭建设廉租房。为满足该工程建设的需要，县政府决定对老城区的一处年代较久的小区的房屋进行征收，县政府依法作出了房屋征收决定并予以公告，公告中明确了房屋征收补偿方案。该小区居民看了公告后，非常疑惑。请问，如何评估这些被征收的房屋？评估流程是什么样的？

律师讲解

根据《国有土地上房屋征收与补偿条例》第十九条第一款的规定，“对被征收房屋价值的补偿，不得低于房屋征收决定公告之日被征收房屋类似房地产的市场价格。被征收房屋的价值，由具有相应资质的房地产价格评估机构按照房屋征收评估办法评估确定”。所以，案例中的小区被征收的房屋价值，由具有相应资质的房地产评估机构按照房屋征收评估办法进行评估确定。

《国有土地上房屋征收评估办法》确定了房屋征收补偿的评估办法。房屋评估的一般流程为:（1）被征收人在规定时间内协商选定房地产价格评估机构;（2）一般由房屋征收部门作为委托人，向房地产价格评估机构出具房屋征收评估委托书，并与其签订房屋征收评估委托合同;（3）房地产价格评估机构安排注册房地产估价师对被征收房屋进行实地查勘，调查被征收房屋状况。注册房地产估价师对多种评估方法进行适用性分析后，选用其中一种或者多种方法对被征收房屋价值进行评估;（4）房地产价格评估机构依约向房屋征收部门提供分户的初步评估结果，房屋征收部门对初步评估结果予以公示，在公示期间，房地产价格评估机构负责进行现场说明解释;（5）分户初步评估结果公示期满后，房地产价格评估机构向房屋征收部门提供委托评估范围内被征收房屋的整体评估报告和分户评估报告。房屋征收部门应当向被征收人转交分户评估报告。

法条链接

《国有土地上房屋征收与补偿条例》

第十九条第一款 对被征收房屋价值的补偿，不得低于房屋征收决定公告之日被征收房屋类似房地产的市场价格。被征收房屋的价值，由具有相应资质的房地产价格评估机构按照房屋征收评估办法评估确定。

《国有土地上房屋征收评估办法》

第四条第一款 房地产价格评估机构由被征收人在规定时间内协商选定；在规定时间内协商不成的，由房屋征收部门通过组织被征收人按照少数服从多数的原则投票决定，或者采取摇号、抽签等随机方式确定。具体办法由省、自治区、直辖市制定。

15. 房屋征收部门如何解决经多次协商仍未达成补偿协议的征收问题？

生活实例

不久前，青岛市政府决定在市区建立民心公园，方便群众生活、工作。为保障该项目的顺利竣工，市政府拟对项目范围内的房屋进行征收，并依法公布了房屋征收公告，确定了征收补偿方案。梁某为儿子小梁购买的婚房就在该项目的征收范围之内，征收部门依据该项目的房屋征收补偿方案与被征收人进行了协商，大部分被征收人签订了房屋征收补偿协议。但是，在征收补偿方案确定的签约期限内，经过多次协商，征收部门都未能与梁某达成补偿协议。那么，房屋征收部门应该怎么办？

律师讲解

根据我国《国有土地上房屋征收与补偿条例》第二十六条第一款的有关规定，房屋征收部门与被征收人在征收补偿方案确定的签约期限内达不成补偿协议，由房屋征收部门报请作出房屋征收决定的市级、县级人民政府依照本条例的规定，按照征收补偿方案作出补偿决定，并在房屋征收范围内予以公告。具体到案例中，在征收补偿方案确定的签约期限内，经过多次协商，征收部门都未能与梁某达成补偿协议，房屋征收部门可以报请青岛市政府，由政府按照征收补偿方案作出补偿决定，并在房屋征收范围内予以公告。

法条链接

《国有土地上房屋征收与补偿条例》

第二十六条第一款　房屋征收部门与被征收人在征收补偿方案确定的签约期限内达不成补偿协议，或者被征收房屋所有权人不明确的，由房屋征收部门报请作出房屋征收决定的市、县级人民政府依照本条例的规定，按照征收补偿方案作出补偿决定，并在房屋征收范围内予以公告。

16. 征收补偿协议可以口头订立吗？

生活实例

为了传承中华古典文化，山东省曲阜市决定建设国际儒家文化研究中心。该项目为当地重点基础设施建设项目，所涉及的征收范围比较广泛。两周前，曲阜市人民政府公布了房屋征收补偿方案，并征求了公众意见。市民刘某和韩某的房屋都在征收的范围内，但二人都在南方打工。那么，政府征收房屋必须签订房屋征收补偿协议吗？补偿协议可以采取口头形式订立吗？

律师讲解

根据我国《民法典》第一百三十五条的规定，民事法律行为可以采用书面形式、口头形式或者其他形式。但是，如果法律、行政法规规定或者当事人约定采用特定形式的，应当采用特定形式。可见，口头协议也是合同形式中的一种表现形式。但是，房屋征收补偿协议是否能够采用口头形式呢？根据我国《国有土地上房屋征收与补偿条例》第二十五条第一款的规定，房屋征收部门与被征收人依照本条例的规定，就征收补偿事项订立补偿协议。因此，如果房屋征收双方在征收补偿方案确定的签约期限内能够达成协议，应当订立书面的补偿协议。

法条链接

《中华人民共和国民法典》

第一百三十五条 民事法律行为可以采用书面形式、口头形式或者其他形式；法律、行政法规规定或者当事人约定采用特定形式的，应当采用特定形式。

《国有土地上房屋征收与补偿条例》

第二十五条第一款 房屋征收部门与被征收人依照本条例的规定，就补偿方式、补偿金额和支付期限、用于产权调换房屋的地点和面积、搬迁费、临时安置费或者周转用房、停产停业损失、搬迁期限、过渡方式和过渡期限等事项，订立补偿协议。

17. 面对被征收房屋所有权人不明确的情况，房屋征收部门会怎么处理？

生活实例

某市政府为树立该市的品牌工程，决定在该市某区建造一座轻工业产业园区。依据该市的城市发展总体规划，该市着手进行房屋征收及补偿工作。魏甲与魏乙的父亲遗留的一套单元楼位于该项目的征收范围内，本来房屋一直由弟弟魏乙居住和使用，但现在面临房屋被征收，哥哥魏甲认为自己才是房屋的实际所有人，不承认弟弟对房屋拥有所有权。兄弟二人为这一处房产，争吵多次，但都认为自己才是所有权人。请问，面对这种被征收房屋所有权人不明确的情况，房屋征收部门会怎么处理？

律师讲解

被征收房屋所有权人不明确是指无产权关系证明、产权人下落不明、暂时无法考证产权的合法所有人或因产权关系正在诉讼等情形。根据我国《国有土地上房屋征收与补偿条例》第二十六条第一款的有关规定，被征收房屋所有权人不明确的，由房屋征收部门报请作出房屋征收决定的市级、县级人民政府依照本条例的规定，按照征收补偿方案作出补偿决定，并在房屋征收范围内予以公告。具体到案例中，对被征收房屋的所有权归属，魏甲和魏乙存在争议，被征收人无法确定，为了保证征收补偿的公平公正，征收部门可以报请该市政府按照征收补偿方案作出补偿决定，并在房屋征收范围内予以公告。

法条链接

《国有土地上房屋征收与补偿条例》

第二十六条第一款　房屋征收部门与被征收人在征收补偿方案确定的签约期限内达不成补偿协议，或者被征收房屋所有权人不明确的，由房屋征收部门报请作出房屋征收决定的市、县级人民政府依照本条例的规定，按照征收补偿方案作出补偿决定，并在房屋征收范围内予以公告。

18. 被征收人得到征收补偿后还需要履行哪些义务？

生活实例

某县为建立省级示范性中学，决定扩大该县第一中学建筑面积，于是拟定征收第一中学附近的一部分房屋。该县政府通过了房屋征收与补偿方案，被征收房屋实行货币补偿或产权调换补偿方式，其中货币补偿均价为6500元/平方米；房屋产权调换的，实行就地产权调换或异地产权调换。程某的房屋恰好位于征收范围内，程某与该县政府房屋征收部门签订了征收补偿协议，双方决定采取货币补偿方式。协议签订后不久，程某就拿到了所有补偿款。请问，程某作为被征收人，其得到征收补偿后还应履行哪些义务呢？

律师讲解

根据我国《国有土地上房屋征收与补偿条例》第二十七条第一款和第二款

的规定，“实施房屋征收应当先补偿、后搬迁。作出房屋征收决定的市、县级人民政府对被征收人给予补偿后，被征收人应当在补偿协议约定或者补偿决定确定的搬迁期限内完成搬迁”。由此可见，被征收人得到补偿后，需要履行一定的义务：（1）在补偿协议约定的期限内完成搬迁；（2）及时提供被征收房屋的产权证书、营业执照等相关法律文件；（3）积极配合完成其他征收搬迁工作。

法条链接

《国有土地上房屋征收与补偿条例》

第二十七条第一款、第二款 实施房屋征收应当先补偿、后搬迁。

作出房屋征收决定的市、县级人民政府对被征收人给予补偿后，被征收人应当在补偿协议约定或者补偿决定确定的搬迁期限内完成搬迁。

四、业主权益

19. 小区业主可以自行封闭阳台吗？

生活实例

田某等10名业主在购买房屋入住后，发现位于室外的阳台是露天的，认为不安全、不卫生、不保暖。于是他们协商一致决定统一封闭阳台。物业公司认为业主们此举没有经过他们同意，妨碍了他们对小区的正常管理，要求田某等拆除封闭的阳台，恢复原状。业主们不同意。请问，业主有权自行把阳台封闭起来吗？

律师讲解

业主有权把阳台封闭起来。我国《民法典》第二百七十一条规定，业主对住宅的专有部分享有所有权。阳台属于专有部分，业主有权决定是否将其封闭。物业公司是小区业主雇用的管理者，主要责任是监督，无权阻止业主们封闭阳台。

法条链接

《中华人民共和国民法典》

第二百七十一条　业主对建筑物内的住宅、经营性用房等专有部分享有所有权，对专有部分以外的共有部分享有共有和共同管理的权利。

20. 房子出售后，原业主对原小区的停车位还继续享有无偿使用权吗？

生活实例

叶某卖了自己的住房，又在附近的另一个高档社区买了商品房。可是高档社区的停车位已经出售一空，叶某的车无处停放。叶某想到原小区对业主是可以免费停车的，于是把车开回原小区停放，但物业公司要收停车费。叶某称，自己出售的只是房屋的专用部分，外面的公用部分根本没有卖，因此他有权继续使用小区的停车位。请问，叶某的说法成立吗？

律师讲解

叶某的说法是没有道理的。我国《民法典》第二百七十三条第二款规定，业主转让建筑物内的住宅、经营性用房，其对共有部分享有的共有和共同管理的权利一并转让。也就是说，如果把房子卖给了他人，那么他就把对该小区共有部分（如楼道、电梯、停车位、地下室等）的共有权及共同管理权一并转让给受让人，这一点无须在售房合同中另做约定。本案中，叶某把房子卖掉，停车位应视为一起卖掉了。如果他要在原小区内停车，需交纳停车费。

法条链接

《中华人民共和国民法典》

第二百七十三条第二款 业主转让建筑物内的住宅、经营性用房，其对共有部分享有的共有和共同管理的权利一并转让。

21. 如何认定小区内商业广告收益的归属问题？

生活实例

纪小姐在市区购买了一套临街顶楼的房子。一天，纪小姐发现，自家的楼顶竖起了一块巨大的广告牌。纪小姐听朋友说，这种情况下如果有广告收益，自己是有权利索要的，于是找物业公司询问此事。物业公司工作人员回答，广告是物业公司联系的，收益归物业公司所有，与业主无关。请问，物业公司的说法正确吗？

律师讲解

物业公司的说法是错误的。我国《民法典》第二百七十一条规定，业主对房屋专有部分享有所有权，对专有部分以外的共有部分享有共有权和共同管理的权利。本案中所涉的房顶，应属于专有部分以外的共有部分，纪小姐依法对其享有共有权。另据《物业管理条例》第五十四条规定，利用物业共用部分、共用设施设备进行经营的，应当征得相关业主、业主大会及物业管理企业同意，并办理相关手续。经营收益应当主要用于补充专项维修资金，也可按照业主大会的决定使用。因此，本案中纪小姐可以享受楼顶广告的收益。非但如此，如果纪小姐所在的楼层的墙面、电梯等设备上有商业广告，她也一样可以对收益主张权利。

法条链接

《中华人民共和国民法典》

第二百七十一条 业主对建筑物内的住宅、经营性用房等专有部分享有所有权，对专有部分以外的共有部分享有共有和共同管理的权利。

《物业管理条例》

第五十四条 利用物业共用部位、共用设施设备进行经营的，应当在征得相关业主、业主大会、物业服务企业的同意后，按照规定办理有关手续。业主所得收益应当主要用于补充专项维修资金，也可以按照业主大会的决定使用。

22. 业主私自圈占共用区域的行为合法吗?

生活实例

蓝某与胡某同住某单元六楼，共用一个楼梯平台。胡某在进行房屋装修时，为堆放装修材料，将楼梯平台圈占了起来。蓝某认为胡某圈占楼梯平台侵犯了自己的合法权益，要求胡某恢复原状。胡某认为小区有电梯可供上下，自己圈占楼梯平台并未对蓝某构成妨碍，不同意拆除。请问，胡某的行为合法吗?

律师讲解

胡某私自圈占楼梯的行为是非法的。根据我国《民法典》第二百七十一条的规定，蓝某作为业主，享有与其房屋相毗连的楼梯共同部分的共有权。胡某占用楼梯平台的共有部分，将其作为自己的专有部分来使用，明显超出了合理的使用范围，构成了对蓝某共有权的侵害，因此应当停止侵害，恢复原状。

法条链接

《中华人民共和国民法典》

第二百七十一条 业主对建筑物内的住宅、经营性用房等专有部分享有所有权，对专有部分以外的共有部分享有共有和共同管理的权利。

第二百七十二条 业主对其建筑物专有部分享有占有、使用、收益和处分的权利。业主行使权利不得危及建筑物的安全，不得损害其他业主的合法权益。

23. 他人装修侵害到自己利益的，可以要求其停止装修吗？

生活实例

曲先生购买了一套商品房，刚入住不久就发现房屋的水管漏水，墙体开裂。上楼一看原来是楼上的张先生在装修房屋时敲掉了承重墙，改变了建筑结构，并改变了原来的水管铺设线路，后曲先生请人检验，证明是张先生的装修行为导致他的房屋出现了问题，并且有进一步扩大危险的可能性。曲先生要求张先生停止此种装修行为，张先生却说："我自己的房子，爱怎么装修就怎么装修，别人管不着。"那么，曲先生有权要求张先生停止装修吗？

律师讲解

业主购买房屋后就对该房屋享有所有权，因此可以自由地对该房屋进行占有、使用、收益和处分，对房屋进行装修是行使其所有权的一种表现形式。但是如果此项权利与同一建筑物上的其他房屋有密切关系，存在公共利益，业主在对自己的房屋进行占有、使用、收益和处分的时候就不能侵犯他人的权益或者公共利益，否则就是违法的。本案中张先生对自己的房屋拥有所有权，可以进行装修，但是张先生在装修的时候改变房屋的主体结构造成其他业主的房屋危险，张先生的这种装修行为已经超出了他行使权利的界限，是对他人权益的侵犯，因此曲先生有权要求张先生停止该种装修行为。

法条链接

《中华人民共和国民法典》

第二百七十二条　业主对其建筑物专有部分享有占有、使用、收益和处分的权利。业主行使权利不得危及建筑物的安全，不得损害其他业主的合法权益。

第二百八十六条　业主应当遵守法律、法规以及管理规约，相关行为应当符合节约资源、保护生态环境的要求。对于物业服务企业或者其他管理人执行政府依法实施的应急处置措施和其他管理措施，业主应当依法予以配合。

业主大会或者业主委员会，对任意弃置垃圾、排放污染物或者噪声、违反规定饲养动物、违章搭建、侵占通道、拒付物业费等损害他人合法权益的行为，有权依照法律、法规以及管理规约，请求行为人停止侵害、排除妨碍、消除危险、恢复原状、赔偿损失。

业主或者其他行为人拒不履行相关义务的，有关当事人可以向有关行政主管部门报告或者投诉，有关行政主管部门应当依法处理。

《最高人民法院关于审理建筑物区分所有权纠纷案件适用法律若干问题的解释》

第十五条　业主或者其他行为人违反法律、法规、国家相关强制性标准、管理规约，或者违反业主大会、业主委员会依法作出的决定，实施下列行为的，可以认定为民法典第二百八十六条第二款所称的其他"损害他人合法权益的行为"：

（一）损害房屋承重结构，损害或者违章使用电力、燃气、消防设施，在建筑物内放置危险、放射性物品等危及建筑物安全或者妨碍建筑物正常使用；

……

《住宅室内装饰装修管理办法》

第七条　住宅室内装饰装修超过设计标准或者规范增加楼面荷载的，应当经原设计单位或者具有相应资质等级的设计单位提出设计方案。

24. 私自将自家住房改为商业用房的行为是否合法?

生活实例

王某下岗在家生计无着，于是决定利用自家的住房开家餐馆，既可便利小区居民，又能为自己谋生。房屋经过简单的装修后，饭馆开张了。由于王某为人随和，手艺也不错，餐馆的生意很是红火。可是没过多久，楼上的住户张某向居委会反映，王某家的油烟太大了，致使他家无法开窗。居委会找到王某要求王某采取措施，否则餐馆就得停业，王某不以为然，声称是在自家开餐馆，与他人无涉，并照常营业。请问，张某应该如何维护自己的权益呢?

律师讲解

王某的做法侵犯了楼上邻居张某的利益，应当及时采取措施减少对他人的影响。根据法律的规定，业主将住宅改变为经营性用房，应按照《民法典》第二百七十九条的规定经有利害关系的业主一致同意。否则，有利害关系的业主请求排除妨害、消除危险、恢复原状或者赔偿损失的，人民法院应予支持。王某如果想让餐馆继续开下去，可以争取周围邻居的同意，并且采取必要的措施以免油烟熏到邻居，如安装一个长烟筒把油烟排到楼顶。如果王某不采取任何措施继续营业，则按照相关法律规定，张某有权请求管理单位责令王某停业，也可向法院提起诉讼要求王某停止侵害。

法条链接

《中华人民共和国民法典》

第二百七十九条 业主不得违反法律、法规以及管理规约，将住宅改变为经营性用房。业主将住宅改变为经营性用房的，除遵守法律、法规以及管理规约外，应当经有利害关系的业主一致同意。

《最高人民法院关于审理建筑物区分所有权纠纷案件适用法律若干问题的解释》

第十条 业主将住宅改变为经营性用房，未依据民法典第二百七十九条的规定经有利害关系的业主一致同意，有利害关系的业主请求排除妨害、消除危险、恢复原状或者赔偿损失的，人民法院应予支持。

将住宅改变为经营性用房的业主以多数有利害关系的业主同意其行为进行抗辩的，人民法院不予支持。

第十一条　业主将住宅改变为经营性用房，本栋建筑物内的其他业主，应当认定为民法典第二百七十九条所称“有利害关系的业主”。建筑区划内，本栋建筑物之外的业主，主张与自己有利害关系的，应证明其房屋价值、生活质量受到或者可能受到不利影响。

25. 不服业主大会决议的业主可以不执行该决议吗？

生活实例

某小区的业主大会通过决议，每户每月需缴纳180元的物业费。业主代某因出差在外，没有参加业主大会。到了缴费日期，代某声称自己没有参加业主大会，所以业主大会的决议对自己不生效，拒不按业主大会的决议缴纳物业费。另有小区居民廖某声称自己虽然参加了业主大会，但在会上对业主大会的决议表示了明确的反对，因此不受该决议约束，也不缴纳物业费。那么，代某与廖某的说法有道理吗？

律师讲解

代某与廖某的说法是站不住脚的。我国《民法典》第二百八十条规定，业主大会或者业主委员会的决议，对所有业主具有法律约束力。也就是说，无论业主是否参加业主大会，也无论其是否同意业主大会的决定，只要该决定经业主大会或者业主委员会通过，就对业主发生法律约束力。如果业主认为该决议侵犯了自己的权利，应当在知道或者应当知道业主大会或者业主委员会作出决定之日起一年内向人民法院请求撤销该决议。但在经法院判决确认撤销该决议前，还是要执行决议。

法条链接

《中华人民共和国民法典》

第二百八十条 业主大会或者业主委员会的决定，对业主具有法律约束力。

业主大会或者业主委员会作出的决定侵害业主合法权益的，受侵害的业主可以请求人民法院予以撤销。

《最高人民法院关于审理建筑物区分所有权纠纷案件适用法律若干问题的解释》

第十二条 业主以业主大会或者业主委员会作出的决定侵害其合法权益或者违反了法律规定的程序为由，依据民法典第二百八十条第二款的规定请求人民法院撤销该决定的，应当在知道或者应当知道业主大会或者业主委员会作出决定之日起一年内行使。

五、相邻关系、地役权与共有

26. 自家房屋因邻家房檐滴水而损坏的，应该怎么办？

生活实例

吴某与刘某是邻居。吴某家新盖了一个竹楼，高出刘某的房屋。每到雨天，吴某家的竹楼就会滴水到刘某家的房屋上，造成了刘某房屋的损坏。刘某要求吴某采取措施并赔偿损失，吴某拒绝。请问，刘某有权要求吴某赔偿吗？

律师讲解

刘某有权要求吴某赔偿。本案涉及不动产相邻关系。根据《民法典》第二百八十八条的规定，不动产相邻的权利人处理相邻关系时所应遵循的基本原则，即有利生产、方便生活、团结互助、公平合理。该法第一千一百六十七条规定，侵权行为危及他人人身、财产安全的，被侵权人有权请求侵权人承担停止侵害、排除妨碍、消除危险等侵权责任。本案中，吴某家房檐滴水造成了刘某家房屋的损坏，按照上述原则，吴某应当排除妨碍，赔偿损失。

法条链接

《中华人民共和国民法典》

第二百八十八条 不动产的相邻权利人应当按照有利生产、方便生活、团结互助、公平合理的原则，正确处理相邻关系。

第一千一百六十七条 侵权行为危及他人人身、财产安全的，被侵权人有权请求侵权人承担停止侵害、排除妨碍、消除危险等侵权责任。

27. 因房屋装修需经过邻居的院子搬运建材，但邻居不让通行怎么办？

生活实例

杜某、刘某、肖某比邻而居。杜某要装修房屋，向刘某提出在其院内堆放一些建材，刘某不允许。于是杜某找到肖某，请求在肖某院内堆放建材，肖某答应了。但是在施工过程中，从肖家院内往杜家院内运送建材时，必须经过刘某的院子。刘某阻拦杜某搬运建材通过他家院落。那么，这时杜某应该怎么办？

律师讲解

刘某的做法是没有法律依据的。根据我国《民法典》第二百九十二条规定，不动产权利人因建造、修缮建筑物以及铺设电线、电缆、水管、暖气和燃气管线等必须利用相邻土地、建筑物的，该土地、建筑物的权利人应当提供必要的便利。本案中，由于杜某从肖某家搬运建材必须经过刘某家，属于该法规定的“必须利用相邻土地、建筑物”的情况，因此杜某有权通行，刘某应该提供必要的便利。杜某可与刘某进行协商争取他的同意。如果刘某执意不肯，杜某可以请求村委会、居委会等部门出面予以协调，也可以通过诉讼途径解决。

法条链接

《中华人民共和国民法典》

第二百九十一条 不动产权利人对相邻权利人因通行等必须利用其土地的，应当提供必要的便利。

第二百九十二条 不动产权利人因建造、修缮建筑物以及铺设电线、电缆、水管、暖气和燃气管线等必须利用相邻土地、建筑物的，该土地、建筑物的权利人应当提供必要的便利。

28. 居民有权要求制造噪声的加工作坊从小区内搬走吗？

生活实例

某住宅小区1号楼底商搬进一个铝合金加工作坊，自从这个作坊搬来后，切割机、电锯的响声通宵达旦，居民根本无法入睡。业主们不堪其扰，于是一起找到作坊老板，要求作坊搬走。可是作坊老板声称自己有合法的租赁合同，且合同上写明租这个底商用来开铝合金加工作坊，业主们无权让自己搬迁。请问，业主们有权要求作坊从小区内搬走吗？

律师讲解

业主们有权要求作坊从小区内搬走。根据我国《民法典》第二百九十四条规定，不动产权利人不得违反国家规定弃置固体废物，排放大气污染物、水污染物、土壤污染物、噪声、光辐射、电磁辐射等有害物质。同时根据该法第一百三十二条的规定，民事主体不得滥用民事权利损害国家利益、社会公共利益或者他人合法权益。本案中，铝合金作坊制造噪声，严重侵犯了小区居民的休息权，是违法的行为。根据该法第五百三十四条的规定，当事人利用合同实施危害国家利益、社会公共利益行为的，市场监督管理和其他有关行政主管部门依照法律、行政法规的规定负责监督处理。基于此，业主们可以到前述部门投诉作坊，提出合理诉求，要求作坊从小区内搬走。

法条链接

《中华人民共和国民法典》

第一百三十二条　民事主体不得滥用民事权利损害国家利益、社会公共利益或者他人合法权益。

第二百九十四条　不动产权利人不得违反国家规定弃置固体废物，排放大气污染物、水污染物、土壤污染物、噪声、光辐射、电磁辐射等有害物质。

第五百三十四条　对当事人利用合同实施危害国家利益、社会公共利益行为的，市场监督管理和其他有关行政主管部门依照法律、行政法规的规定负责监督处理。

29. 隔壁新建的楼房影响到自家采光、通风的，应该怎么办?

生活实例

杨某与高某是邻居。半年前，杨某翻盖房屋，在原址上盖起了一栋三层小楼。小楼盖起后，高某家的采光、通风大受影响，夏天连续日照的时间还不到4个小时，而到了冬天，高某家更是陷入“黑暗”中，基本见不到阳光。为此，高某多次找杨某协商，但均没有结果。上周，高某提起诉讼，要求赔偿。请问，高某的诉讼请求能得到法院的支持吗?

律师讲解

高某的诉讼请求能得到法院的支持。根据《民法典》第二百九十三条的规定，建造建筑物，不得违反国家有关工程建设标准，不得妨碍相邻建筑物的通风、采光和日照。本案中，杨某建造的三层小楼影响了高某房屋的采光和通风，导致房屋使用价值降低，客观上也影响了高某正常的生活居住环境，应当赔偿高某损失。

法条链接

《中华人民共和国民法典》

第二百九十三条 建造建筑物，不得违反国家有关工程建设标准，不得妨碍相邻建筑物的通风、采光和日照。

30. 房屋共有人擅自出售共有房屋的行为是否合法?

生活实例

贾某与子女共有一处房产。三个月前，贾某去探望在国外定居的儿子，把该房屋交给女儿管理使用。女儿未征得父亲及哥哥的同意，将房屋卖给汪某，并将购房款60万元据为己有。贾某回国后得知女儿擅自出售房屋，便与汪某交涉要求收回房屋。汪某以已经签订房屋买卖协议为由不肯交回房屋。贾某无奈提起诉讼。请问，贾某的诉讼请求能得到法院的支持吗?

律师讲解

本案分不同情形处理。如果汪某不知此房为贾家父女共有，则买卖协议有效；如果汪某明知此房并非贾某之女所有，还与其签订购房协议，则应认定为无效。但依我国《民法典》第三百零一条的规定，处分共有的不动产或者动产，应当经占份额三分之二以上的按份共有人或全体共同共有人同意。本案中，贾某的女儿未经其他共有人同意，擅自将房屋出售的行为无效。据此，贾某有权要求收回房屋。

法条链接

《中华人民共和国民法典》

第三百零一条 处分共有的不动产或者动产以及对共有的不动产或者动产

作重大修缮、变更性质或者用途的，应当经占份额三分之二以上的按份共有人或者全体共同共有人同意，但是共有人之间另有约定的除外。

31. 在处分共有财产时，其他共有人是否享有优先购买权？

生活实例

赵甲与赵乙是兄弟，两人从父亲处继承某小区3单元302室房屋两间，兄弟二人各分得一间。后来赵甲因急需用钱，要把自己的一间卖给吕某，谈妥价钱后签订了协议。这时赵乙对其兄赵甲说，房子不能卖给他人，自己在同等条件下有优先购买权，这个房子是多少钱卖给吕某的，自己出钱买。而吕某要求赵甲履行协议，交付房屋。那么，赵乙可以优先买这间房子吗？

律师讲解

在同等条件下，赵乙可以优先购买房屋。根据《民法典》第三百零五条的规定，按份共有人转让其享有的共有的不动产或者动产份额时，其他共有人在同等条件下享有优先购买权。本案中赵家兄弟的房屋在一室内，二人属于按份共有。赵甲欲出售其共有份额，赵乙在同等条件下可以优先购买。

法条链接

《中华人民共和国民法典》

第三百零五条 按份共有人可以转让其享有的共有的不动产或者动产份额。其他共有人在同等条件下享有优先购买的权利。

第二章　道路交通法律常识

六、道路交通事故责任认定

32. 哪些内容应包含在交通事故认定书中?

生活实例

小静刚拿到驾照不久，平常开车比较少，所以她对开车一直有种恐惧感。一日，小静准备驾车去上班，由于正值早高峰期，车辆非常多。到了要转弯的时候，小静非常紧张，由于操作失误，和另一辆转弯的车发生了剐蹭。由于第一次亲身经历交通事故，小静非常不安，马上给交警打了电话。交警到了现场后随便拍了几张照片，见小静和另一位车主已经达成了和解，于是随手在工作纸上写了一张小静负全责的事故认定书，在未写明事情经过等事实的情况下就盖上了公章，并当场交给了小静。那么，交通事故认定书中应包含哪些内容?

律师讲解

交通管理部门除了应当在法律规定的期限内制作交通事故认定书之外，其内容也应当符合法律规定。《道路交通安全法》第七十三条规定：交通事故认定书应当载明交通事故的基本事实、成因和当事人的责任，并送达当事人。在此基础上，《道路交通事故处理程序规定》第六十四条及第六十五条第一款给出了更细化的标准，即道路交通事故认定书应载明的内容包括：交通事故当事人、车辆、道路和交通环境的基本情况；交通事故的基本事实、证据、原因；当事人导致交通事故的过错及责任或者意外情况等。交通事故认定书应当加盖公安机关交通管理部门道路交通事故处理专用章，分别送达当事人，并告知当事人申请公安机关交通管理部门调解、复核和直接向人民法院提起民事诉讼的权利及期限。因此在本案中，即使小静和对方当事人之间已经就交通事故达成了和解，该交警也不应该在事故认定书中只载明双方应承担的责任，其应在认定书中载明法律所规定的全部内容。

法条链接

《中华人民共和国道路交通安全法》

第七十三条　公安机关交通管理部门应当根据交通事故现场勘验、检查、调查情况和有关的检验、鉴定结论，及时制作交通事故认定书，作为处理交通事故的证据。交通事故认定书应当载明交通事故的基本事实、成因和当事人的责任，并送达当事人。

《道路交通事故处理程序规定》

第六十四条　道路交通事故认定书应当载明以下内容：

（一）道路交通事故当事人、车辆、道路和交通环境等基本情况；

（二）道路交通事故发生经过；

（三）道路交通事故证据及事故形成原因分析；

（四）当事人导致道路交通事故的过错及责任或者意外原因；

（五）作出道路交通事故认定的公安机关交通管理部门名称和日期。

道路交通事故认定书应当由交通警察签名或者盖章，加盖公安机关交通管理部门道路交通事故处理专用章。

第六十五条第一款　道路交通事故认定书应当在制作后三日内分别送达当事人，并告知申请复核、调解和提起民事诉讼的权利、期限。

33. 交通事故的责任承担标准是什么？

生活实例

上周五晚上，在某县的幸福大道和希望大道交叉口处，刘某驾驶一辆小轿车从幸福大街由东向西行驶，由于当晚公司有个重要客户过来考察，刘某无可避免地喝了酒，所以车速非常快。到了交叉路口处时，同样驾驶小轿车的林某由于赶着回家，无视红灯亮起，加大油门快速穿过路口，和刘某的车撞到一起，林某当即死亡。后来交警在处理事故时，依照法律规定作出了交通事故认定书，认定刘某和林某负事故的同等责任。那么，交通事故的责任承担标准是什么？

律师讲解

公安交通管理部门在进行责任认定时，实际上是对造成交通事故的具体因果关系的分析和对造成交通事故原因的确认，所以应当在调查事实的基础上进行认定。《道路交通安全法实施条例》第九十一条明确规定，公安机关交通管理部门应当根据交通事故当事人的行为对发生交通事故所起的作用以及过错的严重程度，确定当事人的责任。具体到本案例中，刘某存在醉驾且超速行驶的情形，而林某着急回家，无视红灯快速闯过路口，双方均车速过快，避让不及而猛烈相撞，所以刘某和林某对本次交通事故的发生都具有过错。根据《道路交通事故处理程序规定》第六十条的规定，因两方或者两方以上当事人的过错发生道路交通事故的，根据其行为对事故发生的作用以及过错的严重程度，分别承担主要责任、同等责任和次要责任。所以本案中的交警根据双方过错来划分责任承担符合法律规定。

法条链接

《道路交通事故处理程序规定》

第六十条 公安机关交通管理部门应当根据当事人的行为对发生道路交通事故所起的作用以及过错的严重程度，确定当事人的责任。

（一）因一方当事人的过错导致道路交通事故的，承担全部责任；

（二）因两方或者两方以上当事人的过错发生道路交通事故的，根据其行为对事故发生的作用以及过错的严重程度，分别承担主要责任、同等责任和次要责任；

（三）各方均无导致道路交通事故的过错，属于交通意外事故的，各方均无责任。

一方当事人故意造成道路交通事故的，他方无责任。

《中华人民共和国道路交通安全法实施条例》

第九十一条　公安机关交通管理部门应当根据交通事故当事人的行为对发生交通事故所起的作用以及过错的严重程度，确定当事人的责任。

34. 当事人对交通事故认定书有异议时，是否可以申请复核？

生活实例

韩某是海口市的居民，生日那天，韩某带着自己的妻子和女儿到某高级饭店吃饭。晚上10点20分左右，韩某驾驶小轿车回家，路经某装有交通信号灯的路口时，正好绿灯亮起，韩某便缓慢通过路口。就在此时，一个驾驶摩托车的小伙车速很快地从右边冲过来，由于灯光昏暗，该小伙躲避不及撞到了韩某的车上，导致其右腿骨折，韩某的车受损。后来交警依法作出了交通事故认定书，韩某接到认定书后发现自己被认定对事故负全责，他非常不服气，认为自己在绿灯路口直行不超过30码，是对方超速闯红灯导致了交通事故的发生。那么，对交通事故认定书有异议的，当事人有权提起复核吗？

律师讲解

发生交通事故后，交通警察在经过现场勘验、检查、调查等相关程序后，会制作交通事故认定书，以此作为处理交通事故的证据，并及时送达当事人。应当注意的是，交通事故认定书的效力并不是绝对的，当事人若对交通事故认定书不服的，有权提出异议。根据我国《道路交通事故处理程序规定》第七十一条的规定， 当事人对道路交通事故认定有异议的，可以自道路交通事故认定书送达之日起三日内，向上一级公安机关交通管理部门提出书面复核申请。复核申请应当载明复核请求及其理由和主要证据。具体到本案例中，韩某晚上驾车到绿灯亮起的十字路口时，以30码的速度缓慢通过，突遇右边驾驶摩托车的小伙超速闯红灯撞到了自己的车，交警却在交通事故认定书中认定韩某为全责，有失公允。为了保障自己的合法权益，韩某自道路交通事故认定书送达之日起三日内可以向上一级公安机关的交通管理部门提出书面复核申请。

法条链接

《道路交通事故处理程序规定》

第七十一条 当事人对道路交通事故认定或者出具道路交通事故证明有异议的，可以自道路交通事故认定书或者道路交通事故证明送达之日起三日内提出书面复核申请。当事人逾期提交复核申请的，不予受理，并书面通知申请人。

复核申请应当载明复核请求及其理由和主要证据。同一事故的复核以一次为限。

35. 一方当事人在发生交通事故后故意破坏现场，应如何处理？

生活实例

春节，蒋某的爸妈心疼女儿每天挤公交上班太辛苦，给女儿买了一辆车。某日早上 8 点，蒋某上班时在一个偏僻的路上和李某的车相撞，她非常害怕，但李某下车后只是让其将车开到路边再进行协商，于是蒋某将车开到路边，并报了警。然而交警来了之后，李某一口咬定是蒋某的车撞到了自己，由于当时并未拍照就将车开到了路边，蒋某有理说不清，交警也无法弄清楚事故的真正成因。最终通过各种调查，多位路人向警察反映事故发生后李某趁蒋某倒车时将路上的刹车痕迹清理掉了。最终交警在交通事故责任认定书中载明李某应负事故的全责。那么，一方当事人故意破坏现场的，应如何处理？

律师讲解

交通事故发生后，当事人为了逃避应负的责任而出逃，或者故意破坏、伪造交通事故现场，制造现场假象，毁灭可能对自己不利的证据，妄图以此来干扰办案人员的侦破工作的现象屡见不鲜。我国《道路交通安全法实施条例》第九十二条明确规定："发生交通事故后当事人逃逸的，逃逸的当事人承担全部责任。但是，有证据证明对方当事人也有过错的，可以减轻责任。当事人故意破坏、伪造现场、毁灭证据的，承担全部责任。"具体到本案例中，警方经过调查发现李某有故意破坏现场，并毁灭证据的行为，交警判定李某承担全责符合法律规定。

法条链接

《中华人民共和国道路交通安全法实施条例》

第九十二条 发生交通事故后当事人逃逸的，逃逸的当事人承担全部责任。但是，有证据证明对方当事人也有过错的，可以减轻责任。

当事人故意破坏、伪造现场、毁灭证据的，承担全部责任。

36. 交通肇事后逃逸的司机是否应当承担全部责任?

生活实例

李某、李小某父子是某村贩卖水果的小贩。一天，李某带着儿子一大早就到当地的县城去经销水果，一直忙到晚上10点半才收工。因为当天晚上下起了毛毛细雨，李小某心疼父亲便让其在敞篷三轮车上休息，自己开车回家。雨越下越大，着急回家的李小某便以最快的速度开始往回开，突然间只听"咚"的一声，三轮车将一个黑影撞倒在地。当时父子俩都吓坏了，知道撞伤了人，本来想报警，但转念一想此处路途偏僻又没有目击者，便逃离了现场，致使被撞者死亡。后来经过公安机关的立案侦查，李小某很快就被查出，交警部门认定李小某肇事逃逸，负事故的全部责任。那么，交通肇事后逃逸的司机是否应承担全部责任?

律师讲解

交通事故发生后，当事人为了逃避法律的追究，驾驶车辆或者遗弃车辆逃离交通事故现场，会严重影响正常的道路交通安全和社会秩序，很可能使被害人因得不到及时的救助而死亡或者伤残，因此逃逸是一种非常严重的违法行为。我国《道路交通安全法实施条例》第九十二条明确规定："发生交通事故后当事人逃逸的，逃逸的当事人承担全部责任。但是，有证据证明对方当事人也有过错的，可以减轻责任……"也就是说通常情况下，除了有证据证明受害人有过错可以减轻责任之外，一般应认定肇事逃逸者承担全部责任。具体到本案例中，李小某在驾车时车速过快，撞伤被害人，为了逃避法律责任，其迅速逃离现场，致使被害人因得不到及时救治而死亡，应当承担事故的全部责任。

法条链接

《中华人民共和国道路交通安全法实施条例》

第九十二条 发生交通事故后当事人逃逸的，逃逸的当事人承担全部责任。但是，有证据证明对方当事人也有过错的，可以减轻责任。

当事人故意破坏、伪造现场、毁灭证据的，承担全部责任。

七、道路交通事故赔偿

37. 由多辆车造成的交通事故，应如何划分责任？

生活实例

商某是一家工厂的女工，平日里骑着电动车上下班。一天商某所在的车间职工被要求加班，商某与同事们加班到晚上 8 点多。下班时，天色已晚，商某的电车上没有灯，只得小心翼翼地骑车。杨某是一个货车司机，由于已经连续驾驶了3个多小时，有些疲劳，一不小心撞到了商某。杨某意识到撞到人后，立刻将车停靠在路边，想下车查看，并打电话报警。在其停靠货车的过程中，张某驾驶一辆轿车驶过来，由于天黑，张某没有看到前方被撞倒在地的商某，又一次在商某的身上碾轧过去，商某当即死亡。后杨某和张某报警，等待交警过来处理。那么，一起由多辆车造成的交通事故，其责任应如何分担？

律师讲解

根据我国《民法典》第一千一百七十条、第一千一百七十一条及《最高人民法院关于审理道路交通事故损害赔偿案件适用法律若干问题的解释》第十八条规定可知，多辆车发生交通事故造成第三人损失时，如果损失超出各机动车交强险责任限额之和的，由各保险公司在各自责任限额范围内承担赔偿责任；如果损失未超出各机动车交强险责任限额之和，当事人请求由各保险公司按照其责任限额与责任限额之和的比例承担赔偿责任。因此依照上述的相关法律规定，杨某和张某共同造成商某死亡的事实，因此二人应该承担连带责任。如果损失超出杨某、张某机动车交强险责任限额之和的，由他们各自的保险公司在各自责任限额范围内承担赔偿责任。如果损失未超出杨某、张某各机动车交强险责任限额之和，商某的家属可以请求由他们各自的保险公司按照其责任限额与责任限额之和的比例承担赔偿责任。

法条链接

《中华人民共和国民法典》

第一千一百七十条　二人以上实施危及他人人身、财产安全的行为，其中一人或者数人的行为造成他人损害，能够确定具体侵权人的，由侵权人承担责任；不能确定具体侵权人的，行为人承担连带责任。

第一千一百七十一条　二人以上分别实施侵权行为造成同一损害，每个人的侵权行为都足以造成全部损害的，行为人承担连带责任。

《最高人民法院关于审理道路交通事故损害赔偿案件适用法律若干问题的解释》

第十八条　多辆机动车发生交通事故造成第三人损害，损失超出各机动车交强险责任限额之和的，由各保险公司在各自责任限额范围内承担赔偿责任；损失未超出各机动车交强险责任限额之和，当事人请求由各保险公司按照其责任限额与责任限额之和的比例承担赔偿责任的，人民法院应予支持。

……

多辆机动车发生交通事故造成第三人损害，其中部分机动车未投保交强险，当事人请求先由已承保交强险的保险公司在责任限额范围内予以赔偿的，人民法院应予支持。保险公司就超出其应承担的部分向未投保交强险的投保义务人或者侵权人行使追偿权的，人民法院应予支持。

38. 对发生在高速路上的交通事故，高速管理单位需要承担赔偿责任吗?

生活实例

小明上小学六年级了，他家的西边有一条高速公路。小明的父母经常叮嘱小明不要进入高速公路，称高速公路危险，小明总是点头答应。一天放学后，小明和小刚等几个同学玩起了捉迷藏。小明为了不让同学们找到他，想藏在一个十分隐蔽的地方。于是他想到翻越高速公路的护栏杆，藏到高速公路的另一侧。当小明跑到高速公路旁边时，看到有一块警示牌，上边写着“禁止翻越护栏杆”。可是小明认为现在高速公路上也没有什么车辆，自己不会有什么危险，于是他就翻越护栏杆，等小明刚翻越过去的时候，被迎面过来的车辆撞倒，小明身受重伤。肇事司机已经依照相关的法律规定对小明进行了赔偿，小明的父母认为高速公路的管理单位也应对小明进行赔偿。那么，高速管理单位需要承担责任吗?

律师讲解

根据《最高人民法院关于审理道路交通事故损害赔偿案件适用法律若干问题的解释》第七条以及《民法典》第一千二百四十三条规定可知，在高速公路发生事故后，如果高速公路管理单位未尽到相关的义务，权利人请求承担相应责任的，人民法院是予以支持的；如果事故是因行人、非机动车驾驶人进入高速公路引发，并且造成自身的损害，公路管理单位尽到了相应的安全保障和警示责任的，则对事故造成的损失不承担责任。本案中高速公路管理单位已经使用了护栏杆防止行人翻越，并且也有明显的警示牌，告知行人禁止翻越，此时高速公路管理单位已经尽到自己相应的责任。在这种情况下，小明仍翻越护栏杆并造成交通事故使自身受伤，高速公路管理单位对事故造成的损失无须承担责任。

法条链接

《最高人民法院关于审理道路交通事故损害赔偿案件适用法律若干问题的解释》

第七条　因道路管理维护缺陷导致机动车发生交通事故造成损害，当事人请求道路管理者承担相应赔偿责任的，人民法院应予支持，但道路管理者能够证明已经依照法律、法规、规章的规定，或者按照国家标准、行业标准、地方标准的要求尽到安全防护、警示等管理维护义务的除外。

依法不得进入高速公路的车辆、行人，进入高速公路发生交通事故造成自身损害，当事人请求高速公路管理者承担赔偿责任的，适用民法典第一千二百四十三条的规定。

《中华人民共和国民法典》

第一千二百四十三条　未经许可进入高度危险活动区域或者高度危险物存放区域受到损害，管理人能够证明已经采取足够安全措施并尽到充分警示义务的，可以减轻或者不承担责任。

39. 擅自驾驶他人车辆造成交通事故的，车辆所有人是否应承担赔偿责任？

生活实例

孙某和梁某两人不仅是大学同学，还是同一寝室的。由于梁某在家附近的一所大学读书，梁某的父母为了梁某出行方便，给梁某买了一辆车，平日里，梁某开车上学。一天，孙某想开梁某的车出去兜风，梁某认为孙某的车技不成熟，怕出现事故，没有同意孙某的请求。孙某很是气愤，认为梁某不够朋友。

一天孙某趁着梁某在宿舍午睡，偷偷地拿到梁某的车钥匙，便开着梁某的车与朋友出去兜风。孙某的驾驶证刚刚下来，对于开车并不熟练，再加上其开车速度过快，在开车驶出学校校门口的时候，不慎将一名同学撞倒。后该名同学被送往医院进行救治，花去了不少医疗费用。那么，机动车的所有人梁某是否需要承担赔偿责任？

律师讲解

根据《民法典》第一千二百零九条的规定，因借用他人机动车发生交通事故造成损害的，属于该机动车一方责任的，由机动车使用人承担赔偿责任。机动车所有人对事故的发生存在过错的，也要承担相应的赔偿责任。这里的“过错”是指机动车所有人知道或者应当知道：（1）机动车存在缺陷且该缺陷是交通事故发生的原因；（2）使用人未取得相应的驾驶资格的；（3）使用人有饮酒、服用国家管制的精神药品或者麻醉药品，或者患有妨碍安全驾驶机动车的疾病等依法不能驾驶机动车的情形等；（4）其他能够认定机动车所有人存在过错的情形。具体到本案中，梁某作为机动车所有人，对事故的发生并没有过错，因此依照上述法律规定，其不需要承担责任。该同学可以向保险公司在第三者强制保险责任限额范围内要求索赔，不足部分向孙某进行索赔。

法条链接

《中华人民共和国民法典》

第一千二百零九条 因租赁、借用等情形机动车所有人、管理人与使用人不是同一人时，发生交通事故造成损害，属于该机动车一方责任的，由机动车使用人承担赔偿责任；机动车所有人、管理人对损害的发生有过错的，承担相应的赔偿责任。

第一千二百一十五条 盗窃、抢劫或者抢夺的机动车发生交通事故造成损害的，由盗窃人、抢劫人或者抢夺人承担赔偿责任。盗窃人、抢劫人或者抢夺人与机动车使用人不是同一人，发生交通事故造成损害，属于该机动车一方责任的，由盗窃人、抢劫人或者抢夺人与机动车使用人承担连带责任。

保险人在机动车强制保险责任限额范围内垫付抢救费用的，有权向交通事故责任人追偿。

40. 驾驶多次转让拼装的车辆发生交通事故的，赔偿责任应由谁来承担？

生活实例

肖某是一个“富二代”，平日里酷爱各种车，也喜欢玩赛车，来寻求刺激。刘某和邓某均是肖某的好朋友，他们和肖某兴趣相投，也是酷爱各种车和赛车比赛。肖某为了让车的性能更好，更符合自己对车的要求，经常将自己的爱车进行改装。可是每次改装后不久，肖某就又不喜欢了，然后把改装好的车卖掉，再买下一辆新车。一天肖某提及想要卖掉最近新改装的车，刘某认为该车性能很好，也很实用，就从肖某的手中将车买下。几个月过后，刘某的手头有些紧，需要一些零花钱，经与邓某协商，刘某又将车倒手卖给了邓某，并办理了过户手续等。自从买了这个改装车后，邓某经常带着朋友们外出兜风。一次在兜风过程中，由于车速过快，邓某将行人撞倒，并将其撞成重伤，花去很大一笔治疗费用。那么，此次交通事故的赔偿责任应由谁来承担？

律师讲解

根据《最高人民法院关于审理道路交通事故损害赔偿案件适用法律若干问题的解释》第四条规定可知，多次转让拼装的机动车发生交通事故的，首先由保险公司在机动车第三者责任强制保险责任限额范围内予以赔偿，不足的部分由所有的转让者和受让者承担连带责任。因此依照上述的法律规定，在本案中首先应由保险公司在第三者责任强制保险责任限额范围内予以赔偿，不足的部分由所有的转让者和受让者承担连带责任，也就是说肖某、刘某、邓某三人对此交通事故承担连带责任。

法条链接

《最高人民法院关于审理道路交通事故损害赔偿案件适用法律若干问题的解释》

第四条 拼装车、已达到报废标准的机动车或者依法禁止行驶的其他机动车被多次转让，并发生交通事故造成损害，当事人请求由所有的转让人和受让人承担连带责任的，人民法院应予支持。

41. 由多辆车辆造成的交通事故中，若有的车辆未投保第三者责任险，那么应如何处理损害赔偿问题?

生活实例

小军是一名中学生，每天放学后骑自行车回家。小军家和学校中间有一条必经的道路，小军每天上下学都要横穿这条道路，然后到达家或者学校。一天，下起了蒙蒙小雨，路面有些湿滑，等红灯亮的时候，小军像往常一样横穿马路。此时从小军的右边来了一辆面包车，由于雨天路滑，刹车失灵，将小军撞倒在地。面包车司机下车查看情况时，后边的小轿车司机侯某正在打电话，未将注意力集中到前方，追尾面包车，使面包车轧伤了小军的大腿。由于交通事故的出现，道路陷入了堵塞混乱的局面，韩某从左边驶来时，不知前方发生何种情况，没有提前减速，等快到达现场时，刹车不及时，撞击到了事故现场，加重了小军的伤。依照法律规定，面包车司机、侯某、韩某等应对小军承担赔偿责任，可是韩某的车并未投保第三者责任险。那么此时，应如何处理小军的损害赔偿问题?

律师讲解

根据我国《最高人民法院关于审理道路交通事故损害赔偿案件适用法律若干问题的解释》第十八条第三款规定可知，多辆机动车发生交通事故，其中有未投保第三者责任强制保险的，应先由已承保交强险的保险公司在责任限额范围内予以赔偿，对于超出保险公司责任限额的部分，保险公司可以向未投保交强险的义务人或者侵权人追偿。在本案中，具体而言，面包车司机和侯某都已经投保第三者责任险，因此该两人投保的保险公司应在第三者责任限额范围内对小军承担赔偿责任。对于超出保险责任限额的部分，两家保险公司可以向未投保交强险的义务人韩某进行追偿。

法条链接

《最高人民法院关于审理道路交通事故损害赔偿案件适用法律若干问题的解释》

第十八条第三款 多辆机动车发生交通事故造成第三人损害，其中部分机动车未投保交强险，当事人请求先由已承保交强险的保险公司在责任限额范围内予以赔偿的，人民法院应予支持。保险公司就超出其应承担的部分向未投保交强险的投保义务人或者侵权人行使追偿权的，人民法院应予支持。

42. 因道路施工导致交通事故的，当事人有权要求建设单位与施工单位承担赔偿责任吗?

生活实例

在某县城的一条道路上，一辆货车司机载着石头经过时，由于道路颠簸，许多大石头从车上掉落，使得地面破碎，久而久之，道路上开始形成一个个小坑。经过群众的不断反映，市路政部门决定整修这条道路。施工单位组织人员整修道路。小李是施工单位的人员，负责设置安全警示标志。小李认为设置安全警示标志太费事了，并且在白天，行人应该看得见这里正在施工，不会出什么事的。于是小李便没有服从单位的指示，没有设置安全警示标志。这天刘某骑着摩托车回家，由于着急，刘某在路过施工路段时，不小心撞到施工的建筑工具上，造成自己重伤，并且花费了大量的医疗费用。那么，刘某可以要求建设单位与施工单位承担赔偿责任吗?

律师讲解

刘某要求建设单位与施工单位一同承担赔偿责任，是有法律依据的。根据《最高人民法院关于审理道路交通事故损害赔偿案件适用法律若干问题的解释》第八条规定可知，因为施工单位的过错造成交通事故时，权利人要求建设单位与施工单位承担赔偿责任的，人民法院应予以支持。在本案中，施工单位应在施工的道路上设置明显的警示标志，以提醒行人注意。可是该施工单位并没有设置警示标志，造成了刘某交通事故的发生，因此刘某可以要求建设单位与施工单位一同承担赔偿责任，人民法院应予以支持。

法条链接

《最高人民法院关于审理道路交通事故损害赔偿案件适用法律若干问题的解释》

第八条 未按照法律、法规、规章或者国家标准、行业标准、地方标准的强制性规定设计、施工，致使道路存在缺陷并造成交通事故，当事人请求建设单位与施工单位承担相应赔偿责任的，人民法院应予支持。

八、交通运输行政复议

43. 当事人可以向交通运输部申请复议的事项有哪些？

生活实例

于某准备成立一家客运公司，主要是从事跨省的长途客运经营。在准备就绪之后，于某便带着相关的材料到省级人民政府交通运输主管部门办理行政许可证。然而，经过几个小时的等待，工作人员在给他进行办理时，说他没有运输质量的承诺书。第二次他在准备好承诺书之后申请时，工作人员又说他申请开业的相关资料中缺少一张复印件。第三次工作人员以他所购置的客车不符合标准为由而拒绝提供许可证。于某就这样，前后跑了三次都没有办成许可证。于某感到非常气愤，想要为自己讨回公道，让交通运输主管部门给自己一个说法。他便咨询朋友自己应该怎样复议，他的朋友告诉他应该向交通运输部申请。那么，可以向交通运输部申请复议的事项有哪些？

律师讲解

于某可以向交通运输部申请行政复议。我国《交通运输行政复议规定》第七条第一项明确规定，公民对省级人民政府交通运输主管部门的具体行政行为不服的，可以向交通运输部申请行政复议。此外，交通运输部的行政复议的受案范围还包括交通运输部海事局、长江航务管理局、珠江航务管理局和交通运输部自己的行政行为，公民或企业不服的，可以就这些事项向交通运输部申请复议。在本案中，于某向省级人民政府交通运输主管部门申请客运站营运的许可证，该主管部门没有授予于某许可的行为属于具体的行政行为，因此，于某可以向交通运输部申请行政复议。

法条链接

《交通运输行政复议规定》

第七条　对下列具体行政行为不服的，可以向交通运输部申请行政复议：

（一）省级人民政府交通运输主管部门的具体行政行为；

（二）交通运输部海事局的具体行政行为；

（三）长江航务管理局、珠江航务管理局的具体行政行为；

（四）交通运输部的具体行政行为。

对交通运输部直属海事管理机构的具体行政行为不服的，应当向交通运输部海事局申请行政复议。

44. 当事人向交通运输行政复议机关申请行政复议的期限是多久?

生活实例

朱某是某市的一位出租车司机，不久前，该市的交管局做出整顿出租车运营的决定，严惩无证运营、乱停乱放的行为，出租车司机在将个人信息、车辆信息及相关证件交到交管局进行登记备案并经审查合格后才可以正常运营。交管局为第一批出租车主办理了运营的手续。但是，却一直没有为朱某办理。朱某每次去交管局办理手续时，工作人员都说要等下一批，然而，等到下一批运营许可都已经办理之后，仍然没有朱某的运营手续。几天后，朱某再去申请时，交管局仍然要求朱某再等等。这导致朱某无法正常跑出租车，难以维持生计。于是，朱某决定向相关部门申请行政复议，要求交管局为自己发放运营许可证。但是，他并不清楚自己现在提出申请复议是否已经超出了复议的时间。那么，向交通运输行政复议机关申请行政复议的期限是多久?

律师讲解

法律赋予了公民申请行政复议的权利，但是，这是有时间限制的。对此，我国现行《交通运输行政复议规定》第八条规定，公民、法人或者其他组织向交通运输行政复议机关申请交通运输行政复议，应当自知道该具体行政行为之日起 60 日内提出行政复议申请；但是法律规定的申请期限超过 60 日的除外。由此可知，在一般情况下，公民必须在知道行政机关做出的具体行政行为之日起的 60 日内申请复议。如果其是有正当理由耽误申请期限的，申请人可以在申请书中说明。在本案中，朱某应该在市交管局做出具体行政行为即不授予其运营许可证的那天起 60 日内向市政府或者交管局的上一级机关申请行政复议。如果其在 60 日内没有申请复议，而且没有正当理由延迟，将会导致自己失去申请复议的权利。

法条链接

《交通运输行政复议规定》

第八条　公民、法人或者其他组织向交通运输行政复议机关申请交通运输行政复议，应当自知道该具体行政行为之日起六十日内提出行政复议申请；但是法律规定的申请期限超过六十日的除外。

因不可抗力或者其他正当理由耽误法定申请期限的，申请人应当在交通运输行政复议申请书中注明，或者向交通运输行政复议机关说明，并由交通运输行政复议机关记录在《交通运输行政复议申请笔录》（见附件1）中，经交通运输行政复议机关依法确认的，申请期限自障碍消除之日起继续计算。

45. 申请交通运输行政复议时，可以使用口头形式吗？

生活实例

李某原来一直在某市打工，后来他经朋友介绍，买了一辆货车跑短途运输。一天，李某准备到邻近的县城去送货，他的一个朋友说有几个人要去这个县城，让李某带上他们，说他们每个人会给李某50元的路费。李某觉得反正自己的货车可以坐四个人，而且自己还能多赚点儿钱，便很爽快地答应了。然而，在他们去往另一个县城的一条高速公路上，交通运输管理局的工作人员正在查超载的车辆。当李某经过，交警让李某出示相应的证件时，看到他的车里坐了五个人。经过调查，交警发现李某是非法载客，便对李某做出罚款1000元的行政处罚决定。李某觉得虽然自己是违法载客，但是也不该受到这么重的处罚。李某准备申请复议，但他不怎么识字，也不知道复议申请书该如何写，所以他准备向行政机关口头申请行政复议。那么，申请交通运输行政复议时，可以使用口头形式吗？

律师讲解

李某可以用口头的方式申请行政复议。根据我国《交通运输行政复议规定》第九条，申请人申请交通运输行政复议，可以书面申请，也可以口头申请。申请人口头申请的，交通运输行政复议机关应当当场记录申请人、被申请人的基本情况，行政复议请求，主要事实、理由和时间；申请人应当在行政复议申请笔录上签名或者署印。由此可见，法律为了保障每个公民的权利，允许公民以口头的方式申请行政复议。但是申请人在用口头方式申请复议时，相关的部门要记录其基本情况，并且申请人要在笔录上签字或盖章。因此，在本案中，李某是可以用口头方式申请行政复议的。

法条链接

《交通运输行政复议规定》

第九条 申请人申请交通运输行政复议，可以书面申请，也可以口头申请。

申请人口头申请的，交通运输行政复议机关应当当场记录申请人、被申请人的基本情况，行政复议请求，主要事实、理由和时间；申请人应当在行政复议申请笔录上签名或者署印。

46. 当事人向法院起诉后，是否还可以申请交通运输行政复议？

生活实例

高某在某市跑出租，由于该市的出租车管理很松散，很多出租车都乱收费。两个月前，由于很多市民反映出租车存在乱收费的现象，当地的交管局决定整顿该市的出租车管理秩序。因此，很多出租车司机都不敢再坐地起价，按照规定打表收费。可是，高某依然是按照原来的方法载客。一天，正当高某从火车站载着两个大学生去学校时，刚到学校门口，就有两个工作人员出示了工作证称他们是交通运输局的，问两个大学生高某收了他们多少钱，两个大学生如实说明了情况。后来，高某因不按规定收费，被交管局罚款 2000 元。高某在收到处罚决定之后，认为交管局对自己的处罚太重，便向法院提起行政诉讼。可是，在他提起行政诉讼之后，又准备向市政府申请复议。那么，高某向法院起诉后，是否还可以申请交通运输行政复议？

律师讲解

我国《交通运输行政复议规定》第十条规定，公民、法人或者其他组织向人民法院提起行政诉讼或者向本级人民政府申请行政复议，人民法院或者人民政府已经受理的，不得再向交通运输行政复议机关申请行政复议。由此可知，法律赋予公民保护权利的两种方式，即诉讼和复议。公民在申请行政复议之后，仍然不服，可以向法院提起诉讼。但是，其不能在提起诉讼的同时又申请行政复议。两种方式可以选择其一，但不能同时都使用。因此，在本案中，依据法律的规定，既然高某已经提起了行政诉讼，就不可以再申请行政复议。

法条链接

《交通运输行政复议规定》

第十条　公民、法人或者其他组织向人民法院提起行政诉讼或者向本级人民政府申请行政复议，人民法院或者人民政府已经受理的，不得再向交通运输行政复议机关申请行政复议。

47. 交通运输行政复议申请后，当事人还能否撤回？

生活实例

钱某在某县成立了一家交通运输公司。某日，该公司的一辆货车在前往某地装运石灰回来的路上，由于疏忽，石灰撒了一路。钱某知道之后便立即找人前往该地进行了清理，虽然钱某及时对道路进行了清理，但仍然造成了一定的损害。于是，县交管局对该运输公司作出罚款 1000 元的行政处罚决定。钱某认为自己知道石灰撒了一路以后，已经及时进行了清理，交管局不应该再对自己作出行政处罚。在收到交管局的行政处罚决定书之后，钱某便向县政府申请行政复议。在县政府还未作出复议决定的期间，钱某听自己的一个朋友说交管局的做法是正确的，即使他及时采取了措施，也只是减轻处罚。因此，钱某准备撤回行政复议，但是，他不知道是否可以撤回。那么，交通运输行政复议申请后，申请人还能否撤回？

律师讲解

钱某在申请交通运输行政复议之后是可以撤回的。我国《交通运输行政复议规定》第十五条规定，交通运输行政复议决定作出前，申请人要求撤回行政复议申请的，经说明理由并由复议机关记录在案，可以撤回。申请人撤回行政复议申请，应当提交撤回交通运输行政复议的书面申请书或者在《撤回交通运输行政复议申请笔录》上签名或者署印。由此可知，申请人在申请交通运输行政复议之后，其在说明理由的情况下是可以依法撤回行政复议申请的。同时，申请人应该提交书面申请或者在相关文件上签名或者署印。撤回之后，行政复议终止，复议机关将通知书送达相关人员。因此，在本案中，钱某在说明理由之后，是可以撤回复议申请的。

法条链接

《交通运输行政复议规定》

第十五条 交通运输行政复议决定作出前，申请人要求撤回行政复议申请的，经说明理由并由复议机关记录在案，可以撤回。申请人撤回行政复议申请，应当提交撤回交通运输行政复议的书面申请书或者在《撤回交通运输行政复议申请笔录》（见附件7）上签名或者署印。

撤回行政复议申请的，交通运输行政复议终止，交通运输行政复议机关应当制作《交通运输行政复议终止通知书》（见附件8）送达申请人、被申请人、第三人。

九、机动车驾驶人规范

48. 驾驶证被暂扣后，驾驶员是否还能继续驾驶车辆上路?

生活实例

薛某在一家外贸公司上班，有一天早上公司有一个重要的会议，薛某为了能及时赶到公司而超速行驶。后来，因薛某在限速60迈的道路上开到了120迈，交警把他拦下，扣下他的驾照，并对他进行了罚款。一天，薛某因为自己的父母生病着急回家，在没有驾照的情况下开车上路。在回家的路上，薛某被交警拦下，薛某解释说自己的驾照被交警扣下了，因为自己有急事，所以不得不开车。但是，交警依然对他进行了处罚。薛某觉得自己很冤枉，明明自己是有驾照的，却还要被处罚。那么，驾驶证被暂扣后，驾驶人还能继续驾驶车辆上路吗?

律师讲解

驾驶人员在驾驶证被暂扣期间是不可以开车上路的。为了避免驾驶员因驾驶证被暂扣而无证驾驶带来的严重的不良后果，以及由此给不确定的第三人带来的责任追究难的问题，我国法律禁止被暂扣驾照的人员开车上路。根据我国《道路交通安全法实施条例》第二十八条的规定，机动车驾驶人在机动车驾驶证丢失、损毁、超过有效期或者被依法扣留、暂扣期间以及记分达到12分的，不得驾驶机动车。所以薛某在他的机动车驾驶证被暂扣期间是不得驾驶机动车的，交警给予其处罚是合理的。

法条链接

《中华人民共和国道路交通安全法实施条例》

第二十八条　机动车驾驶人在机动车驾驶证丢失、损毁、超过有效期或者被依法扣留、暂扣期间以及记分达到12分的，不得驾驶机动车。

49. 单位领导是否有权强迫司机违反交通法规驾驶车辆?

生活实例

严某是某市一家知名公司的董事长张某的司机，每天接送张某上下班。不久前，严某因为自己的妻子生病，就向该公司请了几天假照顾自己的妻子。但是，在过了一个星期之后，因为张某临时有事儿需要到外地出差，而临时代班的司机有事儿不能来，于是，张某就让秘书给严某打电话，要求严某开车带自己出差。严某在医院里照顾妻子，已经几天几夜都没有休息了，便向张某说了自己的情况，可是张某坚持要严某带自己去。严某觉得张某是领导，不敢拒绝。那么，单位领导是否有权强迫司机违反交通法规驾驶车辆?

律师讲解

根据我国《道路交通安全法》第二十二条的规定，机动车驾驶人应当遵守道路交通安全法律、法规的规定，按照操作规范安全驾驶、文明驾驶。饮酒、服用国家管制的精神药品或者麻醉药品，或者患有妨碍安全驾驶机动车的疾病，或者过度疲劳影响安全驾驶的，不得驾驶机动车。任何人不得强迫、指使、纵容驾驶人违反道路交通安全法律、法规和机动车安全驾驶要求驾驶机动车。由此可知，为了保障每个人的安全，维护交通秩序，法律禁止任何人强迫、指使、纵容他人违反规定驾驶车辆。在本案中，张某不能够指使处于疲劳状态的严某进行疲劳驾驶，严某可以拒绝张某的要求。

法条链接

《中华人民共和国道路交通安全法》

第二十二条 机动车驾驶人应当遵守道路交通安全法律、法规的规定，按照操作规范安全驾驶、文明驾驶。

饮酒、服用国家管制的精神药品或者麻醉药品，或者患有妨碍安全驾驶机动车的疾病，或者过度疲劳影响安全驾驶的，不得驾驶机动车。

任何人不得强迫、指使、纵容驾驶人违反道路交通安全法律、法规和机动车安全驾驶要求驾驶机动车。

50. 学员在培训中发生交通事故的，驾校是否需要承担责任?

生活实例

肖某在参加完高考之后，因为暑假时间很长，其父母便为他在当地的一个驾校报名，让他接受驾校培训。肖某在通过了前两个科目的考试之后，便投入了科目三的练习中。因为科目三是路考，该驾校的教练便带领肖某在该地的一条马路上进行练习。肖某开车在转弯时，因缺乏经验，没有从倒车镜看到后面来了一辆小汽车，导致该车与肖某所驾驶的车辆相撞。那么，驾校需要承担责任吗?

律师讲解

在本案中，应该由驾校的教练员承担发生交通事故的责任。因为相对于学员来说，教练应该是具有丰富的驾驶经验的。而学员还属于初学者，在其接受培训的过程中，教练有义务对其进行指导，避免发生危险行为。此外，根据我国《道路交通安全法实施条例》第二十条的规定，在道路上学习驾驶，应当按照公安机关交通管理部门指定的路线、时间进行。在道路上学习机动车驾驶技能应当使用教练车，在教练员随车指导下进行，与教学无关的人员不得乘坐教练车。学员在学习驾驶中有道路交通安全违法行为或者造成交通事故的，由教练员承担责任。因此，在本案中，肖某在接受培训的过程中发生的交通事故应该由该驾校的教练员来承担责任。

法条链接

《中华人民共和国道路交通安全法实施条例》

第二十条　学习机动车驾驶，应当先学习道路交通安全法律、法规和相关知识，考试合格后，再学习机动车驾驶技能。

在道路上学习驾驶，应当按照公安机关交通管理部门指定的路线、时间进行。在道路上学习机动车驾驶技能应当使用教练车，在教练员随车指导下进行，与教学无关的人员不得乘坐教练车。学员在学习驾驶中有道路交通安全违法行为或者造成交通事故的，由教练员承担责任。

51. 在驾驶实习期内，是否可以驾驶营运车？

生活实例

吴某在高中毕业之后，因为没有考上理想的大学，准备直接参加工作。吴某的叔叔是某汽车营运公司的一名主管，吴某的父母准备让吴某去参加驾驶证的资格考试，之后去他叔叔的公司做司机。吴某在取得驾照之后，便在他叔叔的公司实习，以增长自己的驾驶经验。一天，该公司的一名司机家里有事儿，不能按时来上班，而他们又着急出车，便让吴某和该公司的另一名司机出车。在出车的路上，由于长途驾驶，该车的司机实在是太累，吴某认为自己也可以开车，于是，该司机便让吴某驾驶车辆。后来该车被交警拦下，处罚了吴某。那么，在驾驶实习期内，是否可以驾驶营运车？

律师讲解

任何人在驾驶实习期都是不能够驾驶营运车辆的。因为处于驾驶实习期的驾驶员缺乏经验，在遇到危险时可能因反应不及时而发生严重的危险，从而导致严重的后果，因此，法律对此种行为是禁止的。对此我国《道路交通安全法实施条例》第二十二条第三款规定，机动车驾驶人在实习期内不得驾驶公共汽车、营运客车或者执行任务的警车、消防车、救护车、工程救险车以及载有爆炸物品、易燃易爆化学物品、剧毒或者放射性等危险物品的机动车；驾驶的机动车不得牵引挂车。由此可见，在本案中，吴某还在实习期就驾驶营运车辆的行为是违法的。

法条链接

《中华人民共和国道路交通安全法实施条例》

第二十二条第三款　机动车驾驶人在实习期内不得驾驶公共汽车、营运客车或者执行任务的警车、消防车、救护车、工程救险车以及载有爆炸物品、易燃易爆化学物品、剧毒或者放射性等危险物品的机动车；驾驶的机动车不得牵引挂车。

52. 在驾驶车辆途中，司机可以接打电话吗？

生活实例

郭某每天开车上下班，他有一个很不好的习惯就是经常开着车打电话。每次他的妻子看到他边开车边打电话都会提醒他，让他注意安全。但是，郭某总是说没事儿。一天，在郭某开车下班回家的路上，突然电话响了，而此时郭某正在过十字路口。郭某一看是自己公司的一个很重要的客户打来的，便毫不犹豫地接了电话。然而，由于他的注意力分散，在拐弯时没有注意到前面的车，郭某发生了交通事故。还好事故对方反应及时，交通事故造成的结果不是很严重。事后，警察对郭某的行为进行了处罚。那么，在驾驶车辆途中，司机可以接打电话吗？

律师讲解

根据《道路交通安全法实施条例》第六十二条的规定，驾驶机动车不得有拨打接听手持电话、观看电视等妨碍安全驾驶的行为。因为驾驶机动车要求驾驶人员注意力高度集中，机动车驾驶员稍有不慎就可能造成交通事故，所以法律严格要求驾驶员的各种行为，禁止其在开车时接打手持电话。在本案中，郭某边开车边接打电话的行为是违法的，而且也很危险，警察对他的行为进行处罚是合法的。

法条链接

《中华人民共和国道路交通安全法实施条例》

第六十二条 驾驶机动车不得有下列行为：

（一）在车门、车厢没有关好时行车；

（二）在机动车驾驶室的前后窗范围内悬挂、放置妨碍驾驶人视线的物品；

（三）拨打接听手持电话、观看电视等妨碍安全驾驶的行为；

……

十、机动车、行人通行规定

53. 在没有限速的路段，司机可以飙车吗？

生活实例

一天，金某和几个好朋友约好，晚上到丽都酒店一起吃饭，借此机会联络一下感情。在吃饭前，金某提议说，今天大家都聚在一起，吃完饭后咱们玩点刺激的游戏——赛车。金某说他已经找到一个合适的地方，不限制车速，可以让大家尽情地飙车。金某的几个朋友也都表示赞同。金某为了保证大家的生命安全，吃饭的时候劝大家都不要喝酒了，因此他们也就没有要酒。吃完饭后，他们来到约定的地点，路上很清静，放眼看不到人影。金某与朋友杨某率先进行比赛，两人在这段没有限速的路段追赶飙车，越比越来劲。那么，在没有限速的路段，可以飙车吗？

律师讲解

《道路交通安全法》第四十二条规定：机动车上道路行驶，不得超过限速标志标明的最高时速。在没有限速标志的路段，应当保持安全车速。夜间行驶或者在容易发生危险的路段行驶，以及遇有沙尘、冰雹、雨、雪、雾、结冰等气象条件时，应当降低行驶速度。按上述规定，金某和他朋友违反了《道路交通安全法》，在没有限速标志的路段，没有保持安全车速。车辆在道路行驶时，驾驶员应当将车速控制在一定范围内，按照道路标示的时速行驶，即使是没有限速的路段，驾驶员也不能超速行驶或飙车。飙车本就属于危险驾驶，而且他们还是在晚上进行，很容易危害到自己和他人的生命安全。

法条链接

《中华人民共和国道路交通安全法》

第四十二条　机动车上道路行驶，不得超过限速标志标明的最高时速。在没有限速标志的路段，应当保持安全车速。

夜间行驶或者在容易发生危险的路段行驶，以及遇有沙尘、冰雹、雨、雪、雾、结冰等气象条件时，应当降低行驶速度。

54. 货运车可以载客吗？

生活实例

陈某自己经营了一片果园，在水果成熟后，陈某就用自己的货运车将水果从果园拉到城区，供应给超市或是水果专卖店。某次，陈某将水果送到城区后准备回家，陈某想到车厢是空的，可以在里面准备一些小凳子，捎带几个乘客，赚点“外快”。在回来的途中，果然有两个路人招手搭车，陈某带上他们继续往家的方向行驶。当陈某开车经过城区的一个路口时，被交警拦下，并被告知货运机动车不可以载客，同时，交警对陈某做出罚款处罚。陈某当时很是不解。那么，货运车可以载客吗？

律师讲解

《道路交通安全法》第五十条规定：禁止货运机动车载客。货运机动车需要附载作业人员的，应当设置保护作业人员的安全措施。同时我国《道路交通安全法实施条例》第五十五条明确规定，载货汽车车厢不得载客。在城市道路上，货运机动车在留有安全位置的情况下，车厢内可以附载临时作业人员1人至5人；载物高度超过车厢栏板时，货物上不得载人。由此可见，货运机动车的专门用途是运送货物，货运机动车驾驶人不得私自更改货运机动车用途，运送乘客谋取利益。因此，在本案中，陈某在货车车厢内放几张小板凳是不具备乘客乘坐车辆安全条件的，对乘客来讲是非常危险的，他不应该用这种方式拉客赚钱，因此陈某被交警处罚是符合我国道路交通法的规定的。

法条链接

《中华人民共和国道路交通安全法》

第五十条 禁止货运机动车载客。

货运机动车需要附载作业人员的，应当设置保护作业人员的安全措施。

《中华人民共和国道路交通安全法实施条例》

第五十五条 机动车载人应当遵守下列规定：

……

（二）载货汽车车厢不得载客。在城市道路上，货运机动车在留有安全位置的情况下，车厢内可以附载临时作业人员1人至5人；载物高度超过车厢栏板时，货物上不得载人；

……

55. 司机可以随意将车辆停放在人行横道上吗？

生活实例

刘某是某外企公司的职员，在该公司销售部门工作。从两年前开始，刘某就一直在与顾客唐某洽谈合作的事情，但是唐某始终没有明确表态，是否要与他们公司签订合同。刘某为了争取到这份合约，废寝忘食，对唐某有求必应。上周，唐某让刘某邮递一份文件，要求刘某必须在那周的周日之前邮到。在周四那天，刘某非常忙，到下午才想起要给唐某邮递文件。于是刘某赶紧开车向邮局驶去，想在邮局下班之前把文件邮出去。碰巧那天车辆特别多，邮局外面的停车场已经停满了车，刘某就把车放在了人行横道上。那么，司机可以随意将车辆停放在人行横道上吗？

律师讲解

根据《道路交通安全法》第五十六条的规定，机动车应当在规定地点停放。禁止在人行道上停放机动车；但是，依照本法第三十三条规定施划的停车泊位除外。同时第三十三条规定，新建、改建、扩建的公共建筑、商业街区、居住区、大（中）型建筑等，应当配建、增建停车场；停车泊位不足的，应当及时改建或者扩建；投入使用的停车场不得擅自停止使用或者改作他用。在城市道路范围内，在不影响行人、车辆通行的情况下，政府有关部门可以施划停车泊位。刘某将车停放在人行横道上，会严重影响行人的通行，这种做法是违反我国《道路交通安全法》的规定的。刘某可以多走几步将车停靠在交警部门规划的停车位上，而不能为了省事直接把车停在人行横道上。

法条链接

《中华人民共和国道路交通安全法》

第三十三条　新建、改建、扩建的公共建筑、商业街区、居住区、大（中）型建筑等，应当配建、增建停车场；停车泊位不足的，应当及时改建或者扩建；

投入使用的停车场不得擅自停止使用或者改作他用。

在城市道路范围内，在不影响行人、车辆通行的情况下，政府有关部门可以施划停车泊位。

第五十六条 机动车应当在规定地点停放。禁止在人行道上停放机动车；但是，依照本法第三十三条规定施划的停车泊位除外。

在道路上临时停车的，不得妨碍其他车辆和行人通行。

56. 电动自行车在非机动车道上行驶的最高时速是多少？

生活实例

小陈大学毕业后就进入一家报社工作，并在离报社不远的地方租了一套房子，这样就可以每天骑电动自行车上下班。一天早上，小陈起晚了，为了上班不迟到，小陈骑着电动自行车飞奔在非机动车道上，不一会儿就被执勤的交警拦下。小陈看到交警后很茫然，心想自己又没犯什么错，交警拦住自己做什么？这时，该交警称小陈所骑电动自行车的车速已经超过了最高时速，违反了交通规则，这种做法是非常危险的。那么，电动自行车在非机动车道上行驶的最高时速是多少？

律师讲解

根据我国《道路交通安全法》第五十七条、第五十八条的规定，驾驶非机动车在道路上行驶应当遵守有关交通安全的规定。非机动车应当在非机动车道内行驶；在没有非机动车道的道路上，应当靠车行道的右侧行驶。残疾人机动轮椅车、电动自行车在非机动车道内行驶时，最高时速不得超过15公里。同时，我国《道路交通安全法实施条例》第七十条更详细地规定了非机动车横过机动车道或者非机动车道被占用时的行驶标准。由此可见，电动自行车也应当遵守有关交通安全的规定，在非机动车道行驶时，最高时速不得超过15公里。因此，小陈骑电动自行车在非机动车道内行使时，时速不得超过15公里。

法条链接

《中华人民共和国道路交通安全法》

第五十七条 驾驶非机动车在道路上行驶应当遵守有关交通安全的规定。非机动车应当在非机动车道内行驶；在没有非机动车道的道路上，应当靠车行道的右侧行驶。

第五十八条 残疾人机动轮椅车、电动自行车在非机动车道内行驶时，最高时速不得超过十五公里。

《中华人民共和国道路交通安全法实施条例》

第七十条 驾驶自行车、电动自行车、三轮车在路段上横过机动车道，应当下车推行，有人行横道或者行人过街设施的，应当从人行横道或者行人过街设施通过；没有人行横道、没有行人过街设施或者不便使用行人过街设施的，在确认安全后直行通过。

因非机动车道被占用无法在本车道内行驶的非机动车，可以在受阻的路段借用相邻的机动车道行驶，并在驶过被占用路段后迅速驶回非机动车道。机动车遇此情况应当减速让行。

57. 醉酒状态下，可以骑自行车吗？

生活实例

白某大学毕业后进入一家电子公司做销售，由于工作努力，很受老板的赏识。前不久，白某又为公司签了一笔大订单，老板很高兴，决定要为白某开一场庆功会，并邀请公司的同事都参加，正好也趁这个机会大家可以聚一聚。聚会当日，大家都玩得非常尽兴，各自都在边喝酒边感慨工作不易，生活不易，白某亦是如此。庆功会结束后，醉醺醺的白某决定不开车，而是骑自行车回家。那么，在醉酒的状态下，还可以骑自行车吗？

律师讲解

日常生活中，人们普遍都知道醉酒后不能驾驶机动车，酒后驾车会受到法律的严肃惩处。但对于酒后是否能骑自行车，了解得却很少。根据我国《道路交通安全法实施条例》第七十二条的规定，在道路上驾驶自行车、三轮车、电动自行车、残疾人机动轮椅车不得醉酒驾驶。实际上，醉酒后人的意识往往处于不清醒状态，此时如果驾车或骑车上路是很危险的，极易引发交通事故，因此醉酒骑自行车也是我国法律所禁止的。本案中，白某在聚会中喝醉酒后是不能骑自行车回家的。

法条链接

《中华人民共和国道路交通安全法实施条例》

第七十二条 在道路上驾驶自行车、三轮车、电动自行车、残疾人机动轮椅车应当遵守下列规定：

（一）驾驶自行车、三轮车必须年满12周岁；

（二）驾驶电动自行车和残疾人机动轮椅车必须年满16周岁；

（三）不得醉酒驾驶；

……

58. 在车辆行驶过程中，可以随意向外抛垃圾吗？

生活实例

随着社会经济的发展，路上的私家车越来越多，行车文明也越来越受到关注。人们经常看到一些车主把大马路当成垃圾箱，随手往外扔垃圾，这不仅伤害了城市的美貌，而且给清洁工造成了麻烦，同时也给交通安全带来了很大的隐患。某日，行人吴某就碰到了此情况。当时，吴某正在路上走着，突然从一辆私家车里飞出一个塑料袋，袋子里的瓜子皮和水果皮全部散落在地上，被往来的车子反复碾轧，导致路面特别脏。后来，一位清洁工走过来，把路面上的垃圾打扫了。那么，在车辆行驶过程中，可以随意向外抛垃圾吗？

律师讲解

根据我国《道路交通安全法》第六十六条规定，乘车人不得携带易燃易爆等危险物品，不得向车外抛洒物品，不得有影响驾驶人安全驾驶的行为。实际上，在急速行驶的火车内或者其他交通车辆内，向车外扔东西的行为，不仅破坏了环境卫生，也不利于车辆的行驶安全，还会影响其他车辆正常通行。因此，在本案中，乘车人不得向车外抛洒物品，这是我国法律所禁止的。

法条链接

《中华人民共和国道路交通安全法》

第六十六条 乘车人不得携带易燃易爆等危险物品，不得向车外抛洒物品，不得有影响驾驶人安全驾驶的行为。

59. 小学生可以坐在摩托车后座上吗？

生活实例

阳阳是小学一年级的学生，一天，阳阳的爸爸杨某决定骑着新买的摩托车带阳阳进城赶集，这是阳阳长这么大第一次乘坐摩托车，因此既好奇又开心。杨某问阳阳是坐在前边还是后边，阳阳毫不犹豫地说要坐后边。于是，杨某便把阳阳放到了摩托车的后座上。但父子俩刚到城里就被交警拦下了，此时的杨某一片茫然。后来，交警告诉杨某由于他搭载未满12周岁的未成年人，违反了交通规则，因此要对杨某进行罚款。那么，小学生可以坐在摩托车后座上吗？

律师讲解

根据我国《道路交通安全法》第五十一条规定，机动车行驶时，驾驶人、乘坐人员应当按规定使用安全带，摩托车驾驶人及乘坐人员应当按规定戴安全头盔。同时《道路交通安全法实施条例》第五十五条规定，摩托车后座不得乘坐未满 12 周岁的未成年人，轻便摩托车不得载人。由此可知，乘坐摩托车时不戴安全头盔或者后座搭载不满 12 周岁的未成年人都是违法行为。本案中，阳阳是小学一年级的学生，不满 12 周岁，依法不能乘坐在摩托车的后座上。因此，交警的处罚是正确的，为保障儿童的安全，杨某不得让孩子乘坐在摩托车后座上。

法条链接

《中华人民共和国道路交通安全法》

第五十一条 机动车行驶时，驾驶人、乘坐人员应当按规定使用安全带，摩托车驾驶人及乘坐人员应当按规定戴安全头盔。

《中华人民共和国道路交通安全法实施条例》

第五十五条 机动车载人应当遵守下列规定：

……

（三）摩托车后座不得乘坐未满 12 周岁的未成年人，轻便摩托车不得载人。

第三章　五险一金法律常识

十一、养老保险

60. 养老保险的费用可以全部由员工自己承担吗?

生活实例

小李今年刚刚大学毕业，由于自己所学专业就业情况不是很好，就暂时进了一家规模很小的公司，在签订劳动合同时，小李发现其中有一项写明，该公司不会为员工缴纳养老保险，如果员工想要缴纳养老保险的话，可以自己承担全部的养老保险费用。小李很是不解，找到公司的负责人，寻求合理的解释。请问，小李公司的这种做法是否合法，公司是否可以要求员工自己承担全部养老保险费用?

律师讲解

用人单位应该全力保证劳动者充分享有享受社会保险的合法权益。养老保险是我们通常说的五险之一，根据《社会保险法》的规定，职工应当参加基本养老保险，基本养老保险费用应该由单位和个人共同缴纳。缴费单位和缴费个人应当按时足额向当地社保机构缴纳保险费用。关于养老保险费用的缴纳比例，各地规定各不相同，一般按照当地经济水平，企业效益以及单位职工工资的不同而不同，一般情况下是单位缴纳 20%，个人缴纳 8%。该案例中，小李公司的这种无视员工基本权利的做法是违反法律规定的，单位作为缴纳社会保险的主体，必须为职工缴纳养老保险，以保障职工退休后的正常生活，职工有权监督本单位为其缴费情况。小李发现这种情况时，应该及时跟单位交涉，如果权益得不到保障可以解除劳动合同。

法条链接

《中华人民共和国社会保险法》

第四条 中华人民共和国境内的用人单位和个人依法缴纳社会保险费，有权查询缴费记录、个人权益记录，要求社会保险经办机构提供社会保险咨询等相关服务。

个人依法享受社会保险待遇，有权监督本单位为其缴费情况。

第十条第一款 职工应当参加基本养老保险，由用人单位和职工共同缴纳基本养老保险费。

第十二条第一款 用人单位应当按照国家规定的本单位职工工资总额的比例缴纳基本养老保险费，记入基本养老保险统筹基金。

61. 养老保险金的组成部分包括哪些？

生活实例

小王的父亲是一家工厂的技术工人，今年刚好到了退休的年龄。根据规定，在老王退休后就可以开始享受养老保险了，老王交了这么多年的养老保险，自己也说不清这养老保险都由哪些钱组成，碰巧儿子小王有很多懂法律的朋友，老王便托儿子问清楚。那么，养老保险金的组成部分包括哪些？

律师讲解

作为一项保险制度，养老保险能够充分地保障劳动者在年老退休后可以享有一个安定可靠的晚年生活。为了适应国情的需要，在我们国家，养老保险实际上大致是由三部分组成，包括基本养老保险、企业补充养老、个人储蓄性养老。我们常讲的养老保险便是其中的基本养老保险，其中“退休金”即指基本养老保险金。企业和职工依法缴纳养老保险费，在职工达到国家规定的退休年龄或因其他原因而退出劳动岗位并办理退休手续后，社会保险经办机构向退休职工支付基本养老保险金。基本养老保险实行社会统筹与个人账户相结合。基本养老金由基础养老金和个人账户养老金组成。国家设置基本养老金的主要目的在于保障广大退休人员的晚年基本生活。老王退休后领的养老保险实际上是他在工作期间由单位和他个人缴纳的基本养老保险基金。

法条链接

《中华人民共和国社会保险法》

第十一条　基本养老保险实行社会统筹与个人账户相结合。

基本养老保险基金由用人单位和个人缴费以及政府补贴等组成。

62. 农村是否有养老保险制度?

生活实例

小雨的老家在农村，他父母一直生活在农村，父母已经年迈，小雨生活的地方离父母很远，他很担心父母的养老问题，也不了解农村的养老保险制度，不知道现在农村社会养老保险是怎样的，父母在老家的晚年生活会不会有保障。请问，农村是否有养老保险制度?

律师讲解

国家建立和完善新型农村社会养老保险制度。新型农村社会养老保险（简称新农保）是以保障农村居民年老时的基本生活为目的，建立个人缴费、集体补助、政府补贴相结合的筹资模式，养老待遇由社会统筹与个人账户相结合，与家庭养老、土地保障、社会救助等其他社会保障政策措施相配套，由政府组织实施的一项社会养老保险制度，是国家社会保险体系的重要组成部分。年满16周岁（不含在校学生）、未参加城镇职工基本养老保险的农村居民，可以在户籍地自愿参加新农保。新农保基金由个人缴费、集体补助、政府补贴构成：

（一）个人缴费。参加新农保的农村居民应当按规定缴纳养老保险费。缴费标准设为每年 100 元、200 元、300 元、400 元、500 元 5 个档次，地方可以根据实际情况增设缴费档次。参保人自主选择档次缴费，多缴多得。国家依据农村居民人均纯收入增长等情况适时调整缴费档次。

（二）集体补助。有条件的村集体应当对参保人缴费给予补助，补助标准由村民委员会召开村民会议民主确定。鼓励其他经济组织、社会公益组织、个人为参保人缴费提供资助。

（三）政府补贴。政府对符合领取条件的参保人全额支付新农保基础养老金，其中中央财政对中西部地区按中央确定的基础养老金标准给予全额补助，对东部地区给予 50% 的补助。地方政府应当对参保人缴费给予补贴，补贴标准不低于每人每年 30 元；对选择较高档次标准缴费的，可给予适当鼓励，具体标准和办法由省（区、市）人民政府确定。对农村重度残疾人等缴费困难群体，地方政府为其代缴部分或全部最低标准的养老保险费。

养老金待遇由基础养老金和个人账户养老金组成，支付终身。中央确定的基础养老金标准为每人每月 55 元。地方政府可以根据实际情况提高基础养老金标准，对于长期缴费的农村居民，可适当加发基础养老金，提高和加发部分的资金由地方政府支出。

法条链接

《中华人民共和国社会保险法》

第二十条 国家建立和完善新型农村社会养老保险制度。

新型农村社会养老保险实行个人缴费、集体补助和政府补贴相结合。

第二十一条 新型农村社会养老保险待遇由基础养老金和个人账户养老金组成。

参加新型农村社会养老保险的农村居民，符合国家规定条件的，按月领取新型农村社会养老保险待遇。

63. 参加养老保险有资格和条件的限制吗?

生活实例

任某大学毕业后，户口迁回了原籍，但自己应聘到大学所在城市的一家公司。她听说很多企业的职工都参加了基本养老保险，但不清楚自己是否可以参加。那么，参加养老保险有资格和条件的限制吗?

律师讲解

根据《国务院关于完善企业职工基本养老保险制度的决定》中第三条规定，目前我国企业基本养老保险制度的参保人员包括全民所有制企业职工、城镇集体所有制企业职工、外商投资企业职工、城镇私营企业职工、个体工商户和灵活就业人员。这里的职工包括所有与用人单位建立劳动关系的个人，即不仅包括正式职工，也包括临时工；不仅包括户籍关系在本地的职工，也包括户籍关系在外地的职工；不仅包括城镇职工，也包括农民工。因此，任某可以参加养老保险。

法条链接

《国务院关于完善企业职工基本养老保险制度的决定》

三、扩大基本养老保险覆盖范围。城镇各类企业职工、个体工商户和灵活就业人员都要参加企业职工基本养老保险。……

64. 职工是否可以拒绝参加基本养老保险?

生活实例

邹某大学毕业后到一家私营公司工作，每个月的工资在2000元左右。由于参加了基本养老保险，每月须扣除100多元的基本养老保险费。邹某觉得入不敷出，于是请求公司不要再扣他的工资来缴社会养老保险费，其他的社会保险也不参加了。老板听后觉得员工自愿不参加养老保险自己还能省掉公司要缴纳的社会统筹部分，就痛快地答应了邹某的请求。请问，职工可以自己拒绝参加基本养老保险吗？

律师讲解

根据《社会保险费征缴暂行条例》第四条、第十三条规定，缴费单位、缴费个人应按时足额缴纳社会保险费。参加基本养老保险是每个企业和职工应有的权利，也是其应尽的义务。企业不得以任何理由拒绝参保，更不能以员工不愿意参保为由不参保。那么，对于职工个人来讲，其也不能因为觉得自己能多开一些工资而不缴纳养老保险。

法条链接

《社会保险费征缴暂行条例》

第四条 缴费单位、缴费个人应当按时足额缴纳社会保险费。

征缴的社会保险费纳入社会保险基金，专款专用，任何单位和个人不得挪用。

第十二条 缴费单位和缴费个人应当以货币形式全额缴纳社会保险费。

缴费个人应当缴纳的社会保险费，由所在单位从其本人工资中代扣代缴。

社会保险费不得减免。

第十三条 缴费单位未按规定缴纳和代扣代缴社会保险费的，由劳动保障行政部门或者税务机关责令限期缴纳；逾期仍不缴纳的，除补缴欠缴数额外，从欠缴之日起，按日加收2‰的滞纳金。滞纳金并入社会保险基金。

65. 养老保险未缴满15年，可以领取养老金吗？

生活实例

张先生现年47岁，过去因为种种原因，一直未缴纳养老保险，直到最近，他所在的单位才为他办理了养老保险。但按照原来的规定，即使他坚持不间断地缴纳到60岁退休年龄，其缴费年限也只有13年，仍然达不到规定的最低年限15年。请问，若想在退休后享受养老保险，张先生应该怎么办？

律师讲解

张先生可以在达到退休年龄后继续缴费，直到满15年。根据《社会保险法》第十六条的规定，参加基本养老保险的个人，达到法定退休年龄时累计缴费不足15年的，可以缴费至满15年，按月领取基本养老金；也可以转入新型农村社会养老保险或者城镇居民社会养老保险，按照国务院规定享受相应的养老保险待遇。所以张先生在缴费完15年后，可以按月领取基本养老金。

法条链接

《中华人民共和国社会保险法》

第十六条　参加基本养老保险的个人，达到法定退休年龄时累计缴费满十五年的，按月领取基本养老金。

参加基本养老保险的个人，达到法定退休年龄时累计缴费不足十五年的，可以缴费至满十五年，按月领取基本养老金；也可以转入新型农村社会养老保险或者城镇居民社会养老保险，按照国务院规定享受相应的养老保险待遇。

十二、医疗保险

66. 退休人员是否还需要缴纳医疗保险费用？

生活实例

孙某曾经是一名自由职业者，随着年龄的增大越发地对稳定的工作充满了向往。孙某45岁时，因精湛的技术被某国有单位聘为工程技术人员。在国有单位工作期间，孙某享有了国有单位员工应享有的一切待遇。因孙某对这份工作的热爱，他在单位工作勤勤恳恳，为单位和社会创造了巨大的财富价值。退休后孙某在家尽情享受天伦之乐。某日单位的工作人员找到他，询问其是否继续缴纳医疗保险金，对此孙某产生了疑问。那么，在我国，退休人员是否还需要缴纳医疗保险费用？

律师讲解

我国《社会保险法》第二十七条规定："参加职工基本医疗保险的个人，达到法定退休年龄时累计缴费达到国家规定年限的，退休后不再缴纳基本医疗保险费，按照国家规定享受基本医疗保险待遇；未达到国家规定年限的，可以缴费至国家规定年限。"孙某缴纳的医疗保险费用如果没有达到国家规定的年限，那么他在退休后只有将保险费用缴纳至规定的年限才能继续享受基本医疗保险。

法条链接

《中华人民共和国社会保险法》

第二十七条 参加职工基本医疗保险的个人，达到法定退休年龄时累计缴费达到国家规定年限的，退休后不再缴纳基本医疗保险费，按照国家规定享受基本医疗保险待遇；未达到国家规定年限的，可以缴费至国家规定年限。

67. 遭受工伤后，是否可以既报工伤保险又报医疗保险？

生活实例

张某是某国有钢厂的技术工人，每天穿梭在厂区现场。某日，张某在某高炉上进行检修时被高空坠落物砸中头部，当场晕倒，后经抢救脱离了生命危险。生病期间张某的医疗费、康复费等均得到了工伤保险的支付。事后张某想到自己还参加了职工基本医疗保险，遂请求职工基本医疗保险对此部分费用再次给予报销。那么，张某的请求能够得到支持吗？

律师讲解

根据我国《社会保险法》第三十条第一款的规定，下列医疗费用不纳入基本医疗保险基金支付范围：（1）应当从工伤保险基金中支付的……此外根据本法第三十八条规定，因工伤发生的下列费用，按照国家规定从工伤保险基金中支付：（1）治疗工伤的医疗费用和康复费用；（2）住院伙食补助费；（3）到统筹地区以外就医的交通食宿费；（4）安装配置伤残辅助器具所需费用；（5）生活不能自理的，经劳动能力鉴定委员会确认的生活护理费；（6）一次性伤残补助金和一级至四级伤残职工按月领取的伤残津贴。因此张某的请求是不会得到支持的。

法条链接

《中华人民共和国社会保险法》

第三十条第一款　下列医疗费用不纳入基本医疗保险基金支付范围：

（一）应当从工伤保险基金中支付的；

（二）应当由第三人负担的；

（三）应当由公共卫生负担的；

（四）在境外就医的。

第三十八条　因工伤发生的下列费用，按照国家规定从工伤保险基金中支付：

（一）治疗工伤的医疗费用和康复费用；

（二）住院伙食补助费；

（三）到统筹地区以外就医的交通食宿费；

（四）安装配置伤残辅助器具所需费用；

（五）生活不能自理的，经劳动能力鉴定委员会确认的生活护理费；

（六）一次性伤残补助金和一至四级伤残职工按月领取的伤残津贴；

……

68. 不能用基本医疗保险支付的药品有哪些？

生活实例

郭某是一家国有企业的工程师，患有风湿性关节炎。后来，郭某从报纸广告上得知某制药厂研制出了一种用中药材泡制的、专门治疗风湿的药酒，在全市各大药店都有销售。因此，郭某就到市基本医疗保险定点药店去购买。但在刷卡付款时，郭某被告知该药酒不属于基本医疗保险范围，不能刷卡支付。请问，药店的说法正确吗？

律师讲解

药店的说法是正确的。我国《城镇职工基本医疗保险用药范围管理暂行办法》第四条规定了有些药品不能纳入基本医疗保险用药范围，其中包括主要起营养滋补作用的药品、部分可以入药的动物及动物脏器，干（水）果类、用中药材和中药饮片泡制的各类酒制剂、各类药品中的果味制剂、口服泡制剂、血液制品、蛋白类制品（特殊适应症与急救、抢救除外）以及劳动保障部规定基本医疗保险基金不予支付的其他药品。本案中，郭某所购买的药酒属于用中药材和中药饮片泡制的各类酒制剂，属于不能纳入基本医疗保险用药范围的药品，因此，不能用基本医疗保险刷卡的方式支付，而应当以其他方式支付。

法条链接

《城镇职工基本医疗保险用药范围管理暂行办法》

第四条 以下药品不能纳入基本医疗保险用药范围：

（一）主要起营养滋补作用的药品；

（二）部分可以入药的动物及动物脏器，干（水）果类；

（三）用中药材和中药饮片泡制的各类酒制剂；

（四）各类药品中的果味制剂、口服泡制剂；

（五）血液制品、蛋白类制品（特殊适应症与急救、抢救除外）；

（六）劳动保障部规定基本医疗保险基金不予支付的其他药品。

69. 基本工资是基本医疗保险的缴费基数吗？

生活实例

小赵在一家物流公司工作，该公司以他的基本工资作为基数缴纳基本医疗保险费。那么，基本工资可以作为基本医疗保险的缴费基数吗？

律师讲解

以职工基本工资为基数缴纳基本医疗保险费的行为是违反法律规定的。《国务院关于建立城镇职工基本医疗保险制度的决定》规定，用人单位缴费率应控制在职工工资总额的6%左右。也就是说，用人单位为职工缴纳基本医疗保险费的基数应为职工工资总额。而根据《关于工资总额组成的规定》第四条的规定，“工资总额”应包括基本工资、奖金、津贴、加班加点工资等。因此，该公司应以小赵的工资总额为基数为小赵缴纳基本医疗保险，而不能只以基本工资为基数缴纳。

法条链接

《国务院关于建立城镇职工基本医疗保险制度的决定》

二、覆盖范围和缴费办法

……

基本医疗保险费由用人单位和职工共同缴纳。用人单位缴费率应控制在职工工资总额的6％左右，职工缴费率一般为本人工资收入的2％。随着经济发展，用人单位和职工缴费率可作相应调整。

国家统计局《关于工资总额组成的规定》

第四条　工资总额由下列六个部分组成：

（一）计时工资；

（二）计件工资；

（三）奖金；

（四）津贴和补贴；

（五）加班加点工资；

（六）特殊情况下支付的工资。

十三、工伤保险

70. 下班时，不遵守交通规则发生交通事故的，可以认定工伤吗？

生活实例

小张大学毕业以后，一直在某商场做销售。某周五下午，小张下班以后，准备先回家一趟，再去参加同学聚会。路上，小张因为心急，在红绿灯路口，信号灯还显示为红灯时，就直接冲过了马路。这时，恰好一辆小汽车右转没有减速，直接将小张撞倒，致其腿部骨折。小张在这次交通事故中被认定负主要责任。经过两个多月的休养，小张终于可以正常上班了。上班之后，和同事闲聊时，小张得知上下班途中发生的交通事故可以认定为工伤。于是，他便向公司申请工伤，却被公司拒绝了。那么，下班路上，员工不遵守交通规则发生交通事故的，可以认定为工伤吗？

律师讲解

小张这种状况是无法申请工伤认定的。我国《工伤保险条例》第十四条虽然明确规定，员工在上下班时间发生交通事故的，可以认定为工伤，享受工伤保险待遇。但是享受这份工伤保险待遇是有一定条件限制的，即在交通事故中，一定是自己负非主要责任。也就说是，自己应当是无责任或者承担次要责任。在上面的案例中，小张自己违反交通规则，没有根据交通信号灯的提示过马路，并且被认定负交通事故主要责任，小张的情况不能被认定为工伤。

法条链接

《工伤保险条例》

第十四条　职工有下列情形之一的，应当认定为工伤：

……

（六）在上下班途中，受到非本人主要责任的交通事故或者城市轨道交通、客运轮渡、火车事故伤害的；

……

71. 职工在公司团建时受伤，能认定工伤吗？

生活实例

小李是某科技公司的一名员工。最近，公司为了增加团队凝聚力，在某蹦床馆组织了一次团建活动。在蹦床馆玩耍的过程中，大家都玩嗨了，一个没留神，小李在蹦起来落下的时候崴了脚。送医后，小李被诊断为跟腱断裂和足部骨头裂伤。小李认为，自己是在团建活动期间受伤的，应当属于工伤，治病所花的医药费应该能报销。那么，小李的想法正确吗？

律师讲解

小李在团建活动中受伤，应当认定为工伤。我国《工伤保险条例》第十四条规定，员工因工外出期间，由于工作原因受到伤害的，应当被认定为工伤。如何理解“由于工作原因”呢？我国《人力资源社会保障部关于执行〈工伤保险条例〉若干问题的意见（二）》第四条中对此进行了明确的界定，即职工在参加用人单位组织的活动中受到事故伤害的，应当视为工作原因。换言之，在公司组织的团建中受伤的，可以认定为工伤。

本案中，小李参加的团建活动属于公司组织的活动，是为了提高员工工作积极性及团队凝聚力而组织的活动，是正常工作范围的延伸。小李在团建中受伤，应属于工伤，小李有权向公司申请进行工伤认定。

法条链接

《工伤保险条例》

第十四条 职工有下列情形之一的，应当认定为工伤：

……

（五）因工外出期间，由于工作原因受到伤害或者发生事故下落不明的；

……

（七）法律、行政法规规定应当认定为工伤的其他情形。

《最高人民法院关于审理工伤保险行政案件若干问题的规定》

第五条 社会保险行政部门认定下列情形为“因工外出期间”的，人民法院应予支持：

……

（三）职工因工作需要的其他外出活动期间。

职工因工外出期间从事与工作或者受用人单位指派外出学习、开会无关的个人活动受到伤害，社会保险行政部门不认定为工伤的，人民法院应予支持。

《人力资源社会保障部关于执行〈工伤保险条例〉若干问题的意见（二）》

四、职工在参加用人单位组织或者受用人单位指派参加其他单位组织的活动中受到事故伤害的，应当视为工作原因，但参加与工作无关的活动除外。

72. 员工在工作时突发疾病死亡的，可以认定为工伤吗？

生活实例

小谷是某互联网公司的一名员工。今年3月，小谷连续加班长达半个月。某天，小谷在公司加班到晚上十点，突然感觉心脏难受，便猛捶打左胸并进行深呼吸。旁边工位的同事看到后，意识到小谷可能发生心梗，便赶紧拨打了120急救电话。不幸的是，小谷在去往医院的路上便去世了。小谷去世后，他的父母认为小谷是因为长期加班，才导致他在工作时间突发心脏疾病死亡的，应当属于工伤，公司必须给个说法。但是，公司宣称，小谷是因病去世的，和公司没有关系。那么，像小谷这样的情形，可以被认定为工伤吗？

律师讲解

本案中，小谷应当被认定为工伤。根据《工伤保险条例》第十五条的规定，在工作时间和工作岗位中，职工突发疾病死亡的，应当被认定为工伤。这里的“工作时间”不仅包括单位规定的一般工作时间，也包括加班时间，以及工作间隙中的休息时间、上下班途中的时间。也就是说，加班时突发疾病死亡的，应当被认定为工伤。并且，这里所说的疾病，不仅包括新患的疾病，也包括旧疾复发。

具体到本案例，从感情的角度讲，该公司缺乏人文关怀，员工连续加班半个月，很可能是因为过度劳累而猝死，而公司却声称“与公司无关”，实在令人气愤；从法律的角度来看，无论公司如何狡辩，都无法否认小谷属于“工亡”的事实。小谷在加班的过程中突发心脏疾病，符合工伤定的条件，应被认定为工伤。

法条链接

《工伤保险条例》

第十五条　职工有下列情形之一的，视同工伤：

（一）在工作时间和工作岗位，突发疾病死亡或者在48小时之内经抢救无效死亡的；

……

职工有前款第（一）项、第（二）项情形的，按照本条例的有关规定享受工伤保险待遇；职工有前款第（三）项情形的，按照本条例的有关规定享受除一次性伤残补助金以外的工伤保险待遇。

73. 员工受工伤，治愈后又复发了，还能享受工伤待遇吗？

生活实例

小宇是某养鸡场的一名工人。去年冬天，小宇像往常一样在清运养鸡场垃圾时，由于雪后路滑，不小心摔了一个四仰八叉，疼得他倒地不起。幸好有好心人经过并将其送到医院。后经过医院诊断，小宇是股骨头骨折，公司也为小宇申请了工伤认定。半年后，小宇回到养鸡场继续上班，但是在干活儿时，他发现自己的骨头还是隐隐作痛，并日渐加重。两个月后，小宇去医院复诊，被诊断为旧伤复发，需要继续治疗。小宇想知道，自己这样的情况，旧伤复发后还可以享受工伤待遇吗?

律师讲解

小宇还可以继续享受工伤待遇。职工因原来的工伤而导致旧伤复发的，新病与原来的工伤存在因果关系，理应享受工伤待遇。对此，我国法律也有明确的规定。根据我国《工伤保险条例》第三十八条的规定，工伤职工工伤复发，确认需要治疗的，有权享受工伤待遇。

本案中，小宇因工受伤康复后，病情复发，需要继续治疗，他可以继续享受工伤医疗待遇，并可在养病期间领取公司按月支付的原工资福利。

法条链接

《工伤保险条例》

第三十条第一款 职工因工作遭受事故伤害或者患职业病进行治疗，享受工伤医疗待遇。

第三十二条 工伤职工因日常生活或者就业需要，经劳动能力鉴定委员会确认，可以安装假肢、矫形器、假眼、假牙和配置轮椅等辅助器具，所需费用按照国家规定的标准从工伤保险基金支付。

第三十三条第一款 职工因工作遭受事故伤害或者患职业病需要暂停工

作接受工伤医疗的，在停工留薪期内，原工资福利待遇不变，由所在单位按月支付。

第三十八条　工伤职工工伤复发，确认需要治疗的，享受本条例第三十条、第三十二条和第三十三条规定的工伤待遇。

十四、生育保险

74. 因生育引起的其他疾病的医疗费用是否由生育保险基金支付?

生活实例

小徐是广州市某企业的职工，生育过后，由于护理不当引起了其他疾病。请问，在这种情况下，由于生育引起的其他疾病的医疗费用是否由生育保险基金支付?

律师讲解

小徐只要能证明疾病是由于生育引起的，医疗费用就由生育保险基金支付。《生育保险条例》第十二条第二款规定:“生育的医疗费用指女职工在孕产期内因怀孕、分娩发生的医疗费用，包括诊治妊娠合并症、并发症的医疗费用。”另外《社会保险法》第五十五条规定，生育医疗费用包括生育的医疗费用，计划生育的医疗费用，法律、法规规定的其他项目费用。所以小徐只要能证明疾病是由于生育引起的，医疗费用就由生育保险基金支付。

法条链接

《中华人民共和国社会保险法》

第五十五条　生育医疗费用包括下列各项:

（一）生育的医疗费用；

（二）计划生育的医疗费用；

（三）法律、法规规定的其他项目费用。

《生育保险条例》

第十二条第二款 生育的医疗费用指女职工在孕产期内因怀孕、分娩发生的医疗费用，包括诊治妊娠合并症、并发症的医疗费用。

75. 男子是否有权要求用人单位为其办理生育保险？

生活实例

李先生师范学校毕业后，就职于一家幼儿园。幼儿园为李先生办理了养老保险、医疗保险、失业保险、工伤保险、住房公积金。李先生觉得幼儿园还应该给他办理生育保险，幼儿园认为生育保险都是针对女性的，这项险种对男性是没有用的，不用办理，因此拒绝为李先生办理。那么，针对幼儿园的做法，李先生是否有权要求幼儿园为其办理生育保险？

律师讲解

李先生有权要求幼儿园为其办理生育保险。生育保险是国家通过立法保护职工与其婴儿在产前、产后的全部假期内得到支持和照顾而制定的一项社会保险制度。员工只要与用人单位签订劳动合同或形成事实劳动关系，不分男女均应参加生育保险。幼儿园的观点是错误的，根据我国《社会保险法》第五十三条和第五十四条的规定，职工应当参加生育保险，由用人单位按照国家规定缴纳生育保险费，职工不缴纳生育保险费。用人单位已经缴纳生育保险费的，其职工享受生育保险待遇；职工未就业配偶按照国家规定享受生育医疗费用待遇。所需资金从生育保险基金中支付。因此，李先生的单位应该为李先生上生育保险，如若李先生的配偶未就业，其配偶按照国家规定享受生育医疗费用待遇。

法条链接

《中华人民共和国社会保险法》

第五十三条 职工应当参加生育保险，由用人单位按照国家规定缴纳生育保险费，职工不缴纳生育保险费。

第五十四条 用人单位已经缴纳生育保险费的，其职工享受生育保险待遇；职工未就业配偶按照国家规定享受生育医疗费用待遇。所需资金从生育保险基金中支付。

生育保险待遇包括生育医疗费用和生育津贴。

76. 哪些属于计划生育的医疗费用？这些费用是否可以从生育保险中支付？

生活实例

林女士与张先生三个月前结婚，打算三年内不生育。现意外怀孕，林女士与张先生决定做流产手术。林女士参加生育保险已有五年，请问，林女士所做的流产手术费用是否属于计划生育的医疗费用？能从生育保险中支付吗？

律师讲解

林女士所做的流产手术如果是在基本医疗保险定点医疗机构和经计划生育行政管理部门、劳动保障部门认可的计划生育服务机构所做的，其费用可以由生育保险基金支付，因林女士所做的流产手术费用属于计划生育的医疗费用。计划生育医疗费用是指职工因实行计划生育需要采取的措施所支出的费用，主要包括实施放置（取出）宫内节育器、流产术、引产术、绝育及复通手术所发生的医疗费用。《社会保险法》第五十四条和第五十五条分别规定："用人单位已经缴纳生育保险费的，其职工享受生育保险待遇；职工未就业配偶按照国家规定享受生育医疗费用待遇。所需资金从生育保险基金中支付。生育保险待遇包括生育医疗费用和生育津贴。”“生育医疗费用包括下列各项：（一）生育的医疗费用；（二）计划生育的医疗费用；（三）法律、法规规定的其他项目费用。”林女士所做的流产手术费用属于计划生育的医疗费用，可以从生育保险中支付。

法条链接

《中华人民共和国社会保险法》

第五十四条 用人单位已经缴纳生育保险费的，其职工享受生育保险待遇；职工未就业配偶按照国家规定享受生育医疗费用待遇。所需资金从生育保险基金中支付。

生育保险待遇包括生育医疗费用和生育津贴。

第五十五条 生育医疗费用包括下列各项：

（一）生育的医疗费用；

（二）计划生育的医疗费用；

（三）法律、法规规定的其他项目费用。

十五、失业保险

77. 失业保险金比城市低保还要少吗？

生活实例

小刘高中毕业后就去了广东一家公司打工，两年前，由于家人催促小刘回家结婚，小刘就将工作调回了河南老家，在家乡附近一家钢铁厂上班。因为行业不景气，钢铁厂计划裁员，整天忙于结婚事宜的小刘自然被列入了裁员名单。失业后，小刘即向当地社会保险经办机构申领失业保险金，可是当其领到第一个月的失业保险金的时候，小刘就非常气愤，他认为自己在广东工作了将近十年，可是为什么失业后却要按照当地的失业保险金标准领取，而且失业保险金比居民最低生活保障金还要低。请问，失业保险金比城市低保还要少吗？

律师讲解

小刘领取的失业保险金应当按照河南当地的失业保险金标准计算，并不得低于河南城市居民最低生活保障标准。依照我国《社会保险法》第四十七条的规定，目前，我国的失业保险金是由各省（自治区、直辖市）人民政府确定的，由于小刘将工作调回了河南，其失业保险关系也随之转移，因此，小刘失业后，无论其登记失业，还是申领失业保险金，都应当在河南当地进行，具体领取数额也应当按照河南省人民政府确定的失业保险金标准来确定。同时，我国《社会保险法》第四十七条还规定，失业保险金的标准，不得低于城市居民最低生活保障标准。由于经济发展水平不同，我国各地城市居民最低生活保障标准也有所不同，具体到本案，小刘领取的失业保险金的标准应当不低于河南省城市居民最低生活保障标准。

法条链接

《中华人民共和国社会保险法》

第四十七条 失业保险金的标准，由省、自治区、直辖市人民政府确定，不得低于城市居民最低生活保障标准。

78. 没钱缴纳医疗保险的失业人员能享受职工医疗保险待遇吗？

生活实例

周某的父母都是残疾人，一家人的生活来源仅仅是周某在保安公司的微薄收入。然而，天有不测风云，上个月合同期满后，公司就与周某解除了劳动关系，一时间周某家中没有了经济来源。很快周某就到当地社会保险经办机构办理了失业登记，并开始积极找工作。在一次面试结束回家的途中，周某不幸遭遇车祸，左臂严重骨折，急需一笔手术费。但是，周某失业后已经有大半年没有缴纳过医疗保险了，那么，周某这次看病能否享受职工医疗保险待遇？

律师讲解

周某无须缴纳基本医疗保险费，即可继续享受职工医疗保险待遇。根据我国《社会保险法》第四十八条之规定，失业人员在领取失业保险金期间，参加职工基本医疗保险，享受基本医疗保险待遇，此外，失业人员应当缴纳的基本医疗保险费从失业保险基金中支付，个人不缴纳基本医疗保险费。在本案中，尽管周某失业在家，没有经济来源，无法缴纳各种社会保险，但是，由于其失业后及时办理了失业登记手续，有权领取失业保险金，再加上其发生车祸也是在国家规定的领取失业保险金的有效期间内，因此，在此期间需要缴纳的基本医疗保险费用是从周某的失业保险基金中支付的，周某本人并不需要实际缴纳任何费用，就可以享受基本医疗保险待遇。

法条链接

《中华人民共和国社会保险法》

第四十八条 失业人员在领取失业保险金期间，参加职工基本医疗保险，享受基本医疗保险待遇。

失业人员应当缴纳的基本医疗保险费从失业保险基金中支付，个人不缴纳基本医疗保险费。

79. 公民参军后是否还能继续领失业保险金？

生活实例

王某从小就好吃懒做，经常在外面惹是生非，高二下学期因为打架，被学校开除后，就到当地一家民营企业打工。可是，刚工作了一年多，王某就被公司辞退了，王某的父亲帮其办理了失业登记，之后王某听说不用工作还可以领取失业保险金，就拿着这些钱天天在外面胡混。王某的父母迫于无奈，苦心劝说王某参军，王某最终同意去服兵役。王某征兵走后，当地一家饭店的刘老板找到王某的父亲，说王某在饭店赊欠很多钱，要求偿还。王某父亲想起王某还有半年多的失业保险金没有领取，就跟饭店老板商量每月用王某的失业保险金偿还。可饭店老板说："王某都成了部队的人了，还上哪儿去领失业保险呢？"那么，公民参军后，还能领取失业保险金吗？

律师讲解

饭店刘老板的说法是正确的，公民应征服兵役后，就不再具备领取失业保险金的条件，也就无法继续领取失业保险金，不能再享受其他失业保险待遇了。王某由于在失业期间已经应征服兵役，社会保险经办机构将会停止发放其失业保险金，同时，王某也不再享受其他失业保险待遇。根据《社会保险法》第五十一条的规定，失业人员在领取失业保险金期间应征服兵役的，停止领取失业保险金，并同时停止享受其他失业保险待遇。因此，在本案中，虽然王某领取的失业保险金没有达到国家规定的最长期限，但由于其在此期间已经应征参军，不再处于需要临时性失业保障状态，当然也就不再符合领取失业保险金的合法条件。所以，王某已经无法继续享受失业保险金及其相关待遇，王某父亲的说法也是得不到相关支持的。

法条链接

《中华人民共和国社会保险法》

第五十一条 失业人员在领取失业保险金期间有下列情形之一的，停止领取失业保险金，并同时停止享受其他失业保险待遇：

（一）重新就业的；

（二）应征服兵役的；

（三）移居境外的；

（四）享受基本养老保险待遇的；

（五）无正当理由，拒不接受当地人民政府指定部门或者机构介绍的适当工作或者提供的培训的。

80. 是否可以跨省转移失业保险？

生活实例

刘某一直在南方的一家机械厂工作，本来打算定居当地后，再把年迈的父母接到南方养老。可是，世事难料，就在刘某刚刚升任经理的时候，父亲病重，急需有人照顾。刘某心急如焚，一方面迫于父亲病重，父母年老需要自己照顾；另一方面担心自己回到北方后，还需要重新找工作，更重要的是刘某认为自己一旦回家势必会暂时失业，而等自己重新找到工作后，各项社会保险费用肯定还需要重新缴纳，生活负担会不断加重。刘某不知道自己在南方这家公司缴纳的这些保险费用还有没有用。那么，失业保险是否可以跨省转移？

律师讲解

事实上，刘某的担心是不必要的，刘某即使回家后会面临暂时失业的状况，但其之前所缴纳的失业保险费等各项费用还是可以随之转移的，而且缴费年限也会累计计算。我国《社会保险法》第五十二条就规定，职工跨统筹地区就业的，其失业保险关系随本人转移，缴费年限累计计算。因此，本案中的刘某完全不必担心，其只要携带相应的证明、证件到当地的社会保险经办机构按程序办理保险关系转移事项即可，其曾缴纳社会保险的缴费年限仍会累计计算。

法条链接

《中华人民共和国社会保险法》

第五十二条 职工跨统筹地区就业的，其失业保险关系随本人转移，缴费年限累计计算。

81. 失业保险费用还需要职工个人亲自去缴纳吗?

生活实例

小刚是刚毕业的大学生，当他第一次领到工资时，从工资条上他发现自己的单位并没有给他缴付失业保险费。他去财务处询问，被告知，企业的失业保险费是由职工自己去缴纳，公司并不负责。小刚觉得奇怪，他向在其他企业工作的同学打听，他们说自己所在的企业每个月都是为职工代扣代缴失业保险费的。那么，小刚是不是需要亲自去缴纳失业保险费呢?

律师讲解

小刚不必亲自去当地的社会保险服务机构缴纳失业保险费，可以通过单位代扣的方式缴纳。《社会保险法》第四十四条规定："职工应当参加失业保险，由用人单位和职工按照国家规定共同缴纳失业保险费。"失业保险费和其他保险费用一样，都可以由单位代扣缴纳。单位有为员工实行失业保险费代缴的义务，如果不给予代扣缴纳服务，员工可以向当地的劳动社会保障部门进行申诉。劳工部门可以协调单位做好员工失业保险费的代缴工作，以方便企业职工。所以，小刚单位的做法是不对的，应该为小刚代扣缴纳失业保险费。

法条链接

《中华人民共和国社会保险法》

第四十四条　职工应当参加失业保险，由用人单位和职工按照国家规定共同缴纳失业保险费。

《失业保险条例》

第二条第一款　城镇企业事业单位、城镇企业事业单位职工依照本条例的规定，缴纳失业保险费。

82. 已经享受基本养老保险待遇的失业人员，还可以继续领取失业保险金吗？

生活实例

老王是一家钢铁厂的职工，厂里为其办理了失业保险和养老保险，老王与厂里都按规定缴纳了相应的保险费。后来钢铁厂破产了，老王也成了失业人员，每月领取失业保险金。现在，老王达到了退休年龄，开始享受养老保险待遇。那么，老王还能继续领取失业保险金吗？

律师讲解

老王不能再享受失业保险待遇，但是可以享受基本养老保险待遇。根据《社会保险法》第五十一条规定，失业人员失业前参加基本养老保险并按规定缴费的，在其享受失业保险待遇期间，养老保险关系暂时中断，其缴费年限和个人账户可以存续，待重新就业后，应当接续养老保险关系。同时《失业保险条例》第十五条规定，享受养老保险待遇的，就不能继续领取失业保险金，不能享受失业保险待遇。所以，老王不可以再领取失业保险金，也不能再享受失业保险的相关待遇。

法条链接

《失业保险条例》

第十五条 失业人员在领取失业保险金期间有下列情形之一的，停止领取失业保险金，并同时停止享受其他失业保险待遇：

（一）重新就业的；

（二）应征服兵役的；

（三）移居境外的；

（四）享受基本养老保险待遇的；

（五）被判刑收监执行或者被劳动教养的；

（六）无正当理由，拒不接受当地人民政府指定的部门或者机构介绍的工作的；

（七）有法律、行政法规规定的其他情形的。

《中华人民共和国社会保险法》

第五十一条　失业人员在领取失业保险金期间有下列情形之一的，停止领取失业保险金，并同时停止享受其他失业保险待遇：

（一）重新就业的；

（二）应征服兵役的；

（三）移居境外的；

（四）享受基本养老保险待遇的；

（五）无正当理由，拒不接受当地人民政府指定部门或者机构介绍的适当工作或者提供的培训的。

十六、住房公积金

83. 住房公积金还需要职工个人缴纳吗?

生活实例

小刘中专毕业后在一家城镇私营企业工作，当初签订劳动合同的时候，厂里说要给职工缴纳住房公积金。月底发工资的时候，小刘的工资单上被扣了50多元的住房公积金。请问，单位缴纳住房公积金还要扣职工自己的钱吗？

律师讲解

小刘应该缴纳住房公积金，单位为其代扣住房公积金的做法是对的。住房公积金作为长期住房储金，其资金来源有两个方面：一方面是单位按照职工的工资水平和单位缴存比例缴纳的住房公积金；另一部分是职工本人根据本人的工资水平和个人的缴存比例缴纳的住房公积金。我国的《住房公积金管理条例》第二条第二款规定："本条例所称住房公积金，是指国家机关、国有企业、城镇集体企业、外商投资企业、城镇私营企业及其他城镇企业、事业单位、民办非企业单位、社会团体（以下统称单位）及其在职职工缴存的长期住房储金。"因此，职工本人需要缴纳住房公积金。单位和职工缴纳的住房公积金，全部归职工本人所有，在符合一定条件时，职工本人可以将住房公积金账户中的存款提取。

法条链接

《住房公积金管理条例》

第二条第二款 本条例所称住房公积金，是指国家机关、国有企业、城镇集体企业、外商投资企业、城镇私营企业及其他城镇企业、事业单位、民办非企业单位、社会团体（以下统称单位）及其在职职工缴存的长期住房储金。

84. 单位还需要为有住房的职工缴纳住房公积金吗？

生活实例

郭某应聘到一家广告公司做平面设计，因收入水平一直不错，郭某早在三年前就买了房。但是在月底发工资时，郭某发现自己的工资条上并没有扣除住房公积金，单位在缴纳住房公积金的时候并没有为他缴纳，郭某不明白这是怎么回事。请问，职工郭某有房子了，单位就可以不为其缴纳住房公积金吗？

律师讲解

单位应该为郭某缴纳住房公积金。单位是否需要为在职职工缴纳住房公积金，只与单位的性质有关，只要符合《住房公积金管理条例》所规定的必须缴纳住房公积金的条件，单位就必须履行缴纳住房公积金的义务。我国的《住房公积金管理条例》第二条第二款规定："本条例所称住房公积金，是指国家机关、国有企业、城镇集体企业、外商投资企业、城镇私营企业及其他城镇企业、事业单位、民办非企业单位、社会团体（以下统称单位）及其在职职工缴存的长期住房储金。”只要符合上述住房公积金征缴的范围，单位就应该为在职职工缴纳住房公积金。单位将职工本人是否有住房与单位是否为其缴纳住房公积金挂钩，目的是在借合理的理由逃避其应当承担的法定义务，是不合法的。

法条链接

《住房公积金管理条例》

第二条第二款　本条例所称住房公积金，是指国家机关、国有企业、城镇集体企业、外商投资企业、城镇私营企业及其他城镇企业、事业单位、民办非企业单位、社会团体（以下统称单位）及其在职职工缴存的长期住房储金。

85. 职工是否可以用住房公积金来买商铺？

生活实例

某市最近新开发一条商业街，里面的很多店铺现在都在热销，张某觉得这个地段很好，以后一定会成为火爆的商业中心，决定在这里买下一个商铺，但是这些店铺的售价都很高，张某没有那么多的现金，他自己的住房公积金账户里还有一笔钱，于是想用这笔钱来买商铺。那么，张某能否将这笔钱提出来买商铺？

律师讲解

张某的想法是不能实现的。《住房公积金管理条例》第五条规定：“住房公积金应当用于职工购买、建造、翻建、大修自住住房，任何单位和个人不得挪作他用。”住房公积金是为了解决城镇职工住房需要而设立的，限于基本住房消费。商铺是为了商业投资的需要，不属于职工基本住房消费的范围，职工购买此类商铺属于基本住房消费以外的额外消费，不得使用住房公积金。

法条链接

《住房公积金管理条例》

第五条 住房公积金应当用于职工购买、建造、翻建、大修自住住房，任何单位和个人不得挪作他用。

86. 可以将住房公积金用来支付房租吗？

生活实例

小刘是刚毕业的大学生，刚开始工作，没有经济实力买房，因而只能自己租房住。小刘的工资不高，除掉房租和自己必要的生活开支外，已经所剩无几。请问，在此情况下，小刘可以用自己的住房公积金来支付房租吗？如果可以，应该如何办理相关的手续？

律师讲解

小刘的房租只要占到了当地规定的自己收入的一定比例，就可以提取住房公积金。根据我国《住房公积金管理条例》第二十四条的规定，“职工有下列情形之一的，可以提取职工住房公积金账户内的存储余额：（一）购买、建造、翻建、大修自住住房的；（二）离休、退休的；（三）完全丧失劳动能力，并与单位终止劳动关系的；（四）出境定居的；（五）偿还购房贷款本息的；（六）房租超出家庭工资收入的规定比例的”。小刘的条件只要符合第六项的规定，就可以申请提取住房公积金去支付房租。但是这里面涉及两个问题，一是达到什么比例可以提取。目前各地对提取住房公积金用于支付房租规定的条件不尽一致，所以能否申请到住房公积金支付房租还要参照地方的具体规定。二是提取数额，《住房公积金管理条例》第二十四条中只是规定“房租超过家庭工资收入的规定比例的”，可以提取住房公积金。对于这一规定，有两种不同的理解，一种是支付全部的房租，另一种是支付超过部分的房租。

本案中，小刘的房租只要占到了当地规定的自己收入的一定比例，就可以提取住房公积金。提取住房公积金支付房租的，需要向住房公积金管理中心提交申请，并同时提供以下证明材料：本人的收入证明、房屋租赁合同、本人的身份证明等。

法条链接

《住房公积金管理条例》

第二十四条　职工有下列情形之一的，可以提取职工住房公积金账户内的存储余额：

（一）购买、建造、翻建、大修自住住房的；

（二）离休、退休的；

（三）完全丧失劳动能力，并与单位终止劳动关系的；

（四）出境定居的；

（五）偿还购房贷款本息的；

（六）房租超出家庭工资收入的规定比例的。

依照前款第（二）、（三）、（四）项规定，提取职工住房公积金的，应当同时注销职工住房公积金账户。

职工死亡或者被宣告死亡的，职工的继承人、受遗赠人可以提取职工住房公积金账户内的存储余额；无继承人也无受遗赠人的，职工住房公积金账户内的存储余额纳入住房公积金的增值收益。

87. 购车是否可以提取住房公积金？

生活实例

李某是某单位的一名合同制员工，在单位工作已经有12年。眼下汽车市场火热，很多人都在为拥有一辆爱车而骄傲。性格好强的李某也想拥有一辆属于自己的小轿车。可是由于李某刚刚买了房子手头紧张，没有那么多的资金，朋友建议他将缴纳的住房公积金提取出来买车。那么，李某能不能用住房公积金买车呢?

律师讲解

我国设立住房公积金的目的是促进我国城镇住房建设，提高城镇居民生活水平。对于住房公积金的提取和使用，住房公积金只能用于我国相关法律明文规定的用途而不能超出法律的范围，根据我国《住房公积金管理条例》第二十四条第一款的规定，职工有购买、建造、翻建、大修自住住房的；离休、退休的；完全丧失劳动能力，并与单位终止劳动关系的；出境定居的；偿还购房贷款本息的；房租超出家庭工资收入的规定比例的等六种情形才能提取住房公积金，否则将受到法律的惩罚。由此可见，本案中，李某是不能使用住房公积金买车的。

法条链接

《住房公积金管理条例》

第五条 住房公积金应当用于职工购买、建造、翻建、大修自住住房，任何单位和个人不得挪作他用。

第二十四条第一款 职工有下列情形之一的，可以提取职工住房公积金账户内的存储余额：

（一）购买、建造、翻建、大修自住住房的；

（二）离休、退休的；

（三）完全丧失劳动能力，并与单位终止劳动关系的；

（四）出境定居的；

（五）偿还购房贷款本息的；

（六）房租超出家庭工资收入的规定比例的。

第四十一条 违反本条例规定，挪用住房公积金的，由国务院建设行政主管部门或者省、自治区人民政府建设行政主管部门依据管理职权，追回挪用的住房公积金，没收违法所得；对挪用或者批准挪用住房公积金的人民政府负责人和政府有关部门负责人以及住房公积金管理中心负有责任的主管人员和其他直接责任人员，依照刑法关于挪用公款罪或者其他罪的规定，依法追究刑事责任；尚不够刑事处罚的，给予降级或者撤职的行政处分。

88. 单位应从何时为刚刚入职的大学生缴纳住房公积金？

生活实例

小赵在毕业后入职某传媒公司。在应聘时公司告知小赵在他正式入职后公司将为其缴纳住房公积金。那么，传媒公司对于刚刚毕业的大学生小赵，应当从什么时候起为其缴纳住房公积金呢？

律师讲解

对于单位为职工缴纳住房公积金的时间要求，我国法律结合职工的实际情况，作出了不同的规定，分为已经在单位参加工作满一定时限、新参加职工、单位新调入职工三种。对于新参加工作的职工，《住房公积金管理条例》第十七条明文规定，其应当从参加工作的第二个月起开始缴存住房公积金，并对缴存数额作出规定：月缴存额为职工本人当月的工资乘以职工住房公积金缴存比例。上述案例中，刚刚从大学毕业的小赵属于新参加工作的职工，因此单位应当按照法律规定在小赵工作的第二个月，为小赵缴存住房公积金。

法条链接

《住房公积金管理条例》

第十七条　新参加工作的职工从参加工作的第二个月开始缴存住房公积金，月缴存额为职工本人当月工资乘以职工住房公积金缴存比例。

单位新调入的职工从调入单位发放工资之日起缴存住房公积金，月缴存额为职工本人当月工资乘以职工住房公积金缴存比例。

89. 住房公积金是否可以作为遗产继承？

生活实例

老刘是某棉纺厂已退休职工，在职时单位每年都为其缴纳住房公积金，上周老刘因病去世。老刘只有一个女儿，没有其他亲人。那么，对于老刘的住房公积金，其女儿有权继承吗？

律师讲解

住房公积金作为职工的个人合法财产，属于个人财产的一部分。根据我国《继承法》和《住房公积金管理条例》的规定，在职期间去世的职工，由其合法继承人或受遗赠人提取住房公积金本息余额。其结余公积金可以由其合法继承人继承。个人继承或受遗赠住房公积金的，继承人或受遗赠人可持经公证的继承或遗赠文件，到被继承人或遗赠人单位开具“住房公积金支取申请书”，再到公积金管理部门提取住房公积金本息余额并办理销户手续。很显然，在上述案例中，老刘女儿作为老刘的唯一合法继承人有权继承其父亲的住房公积金，并且其权利应当依法受到保护。

法条链接

《住房公积金管理条例》

第二十四条第三款 职工死亡或者被宣告死亡的，职工的继承人、受遗赠人可以提取职工住房公积金账户内的存储余额；无继承人也无受遗赠人的，职工住房公积金账户内的存储余额纳入住房公积金的增值收益。

第四章　社会保障法律常识

十七、最低生活保障

90. 申请最低生活保障的条件是什么？

生活实例

钱某，浙江金华人，在当地的纺织厂当维修工，每月工资1000元。钱某的妻子身体一直不太好，没有出去工作，女儿正在上中学。80岁的母亲和钱某生活在一起，没有其他儿女可以依靠。一家四口人，只有钱某一个人挣钱，生活非常困难。钱某听说生活困难的家庭可以申请最低生活保障，不知道自己是否符合申请的条件。那么，哪些人可以得到最低生活保障？

律师讲解

根据我国《社会救助暂行办法》第九条及《最低生活保障审核审批办法（试行）》第四条的规定，持有当地常住户口的居民，凡共同生活的家庭成员人均收入低于当地低保标准，且家庭财产状况符合当地人民政府规定条件的，可以申请低保，即户籍状况、家庭收入和家庭财产是认定低保对象的三个基本要件。本案中，钱某一家四口只有钱某一个劳动力，而且每个月只有1000元的收入，其共同生活的家庭成员人均收入低于浙江省的低保标准300元，生活困难，钱某可以申请最低生活保障。

法条链接

《社会救助暂行办法》

第九条 国家对共同生活的家庭成员人均收入低于当地最低生活保障标准，且符合当地最低生活保障家庭财产状况规定的家庭，给予最低生活保障。

《最低生活保障审核审批办法（试行）》

第四条 户籍状况、家庭收入和家庭财产是认定低保对象的三个基本要件。

持有当地常住户口的居民，凡共同生活的家庭成员人均收入低于当地低保标准，且家庭财产状况符合当地人民政府规定条件的，可以申请低保。

91. 在生活水平有所提升后，低保户是否还可以继续享受低保待遇？

生活实例

张某是一名煤矿下井工人，从事井下作业 20 多年。由于常年处在阴湿的工作环境中从事繁重的体力劳动，他落下了一身毛病。几年前，煤矿改革重组，单位给了张某 3 万元补偿金，买断其工龄。张某和妻子育有一个儿子，因患有小儿麻痹症，行动不便，需要照顾，他们一家的日子过得很艰难。村委会考虑到他的特殊情况将他纳入低保，以缓解生活压力。几个月前，张某在亲戚朋友的帮助下，开了个商铺，从事小商品批发生意。平日里，张某管拉货，妻子照看店面，家庭收入每月可达 2000 多元。那么，在这种情况下，张某一家可以一直享受低保待遇吗？

律师讲解

张某一家不可以一直享受低保待遇。根据我国《社会救助暂行办法》第十三条第一款的规定，"最低生活保障家庭的人口状况、收入状况、财产状况发生变化的，应当及时告知乡镇人民政府、街道办事处"。本案中，张某一家每个月收入 2000 多元，收入状况发生了明显变化，他应该及时告知乡镇人民政府。

另外，根据该条第二款、第三款的规定，政府相关部门要对低保人家进行定期核查，发现其人口状况、收入状况、财产状况发生变化的，应当及时决定增发、减发或者停发最低生活保障金；决定停发最低生活保障金的，应当书面说明理由。本案中，如果县级人民政府民政部门要停发张某一家的最低生活保障金，需要作出书面说明。

法条链接

《社会救助暂行办法》

第十三条　最低生活保障家庭的人口状况、收入状况、财产状况发生变化的，应当及时告知乡镇人民政府、街道办事处。

县级人民政府民政部门以及乡镇人民政府、街道办事处应当对获得最低生活保障家庭的人口状况、收入状况、财产状况定期核查。

最低生活保障家庭的人口状况、收入状况、财产状况发生变化的，县级人民政府民政部门应当及时决定增发、减发或者停发最低生活保障金；决定停发最低生活保障金的，应当书面说明理由。

92. 不能劳动的残疾人是否可以单独申请低保？

生活实例

广东省村民高某和妻子王某育有一儿一女。儿子现年35岁，肢体一级残疾，丧失劳动能力，至今未婚。女儿出嫁后，迁出户口，每月给高某夫妇100元的生活费。高某夫妇与残疾儿子的户籍在一个户口簿上，他们一家三口人的生活非常困难。为了缓解生活压力，高某想申请最低生活保障。那么，高某已经成年但残疾的儿子是否可以单独申请低保？

律师讲解

高某的儿子不可以单独申请低保。我国《最低生活保障审核审批办法（试行）》第十条明确规定，困难家庭中丧失劳动能力且单独立户的成年重度残疾人和脱离家庭、在宗教场所居住三年以上（含三年）的生活困难的宗教教职人员可以单独提出低保申请。具体到本案中，高某的儿子虽然肢体一级残疾，丧失劳动能力，属于重度残疾人。但是，因为高某夫妇与儿子三口人共用一个户口簿，不符合单独立户的条件。所以，高某的儿子不可以单独申请低保。

法条链接

《最低生活保障审核审批办法（试行）》

第十条 申请人有下列情况之一的，可以单独提出申请：

（一）困难家庭中丧失劳动能力且单独立户的成年重度残疾人。

（二）脱离家庭、在宗教场所居住三年以上（含三年）的生活困难的宗教教职人员。

93. 哪些义务是低保申请人应该承担的？

生活实例

王某原是河北省唐山市某企业职工，因为市场不景气，所在企业长期亏损申请破产，王某失业了。半年前，王某的丈夫也下岗了，因没有一技之长，一直处于待业状态，每月靠500多元的失业保险金勉强度日。他们有两个孩子，都在上中学，整个家庭生活非常困难。那么，如果王某申请城市最低生活保障，应该承担哪些义务呢？

律师讲解

王某和丈夫都处于失业状态，孩子又在上学，家庭成员人均收入低于当地最低生活保障标准，生活比较困难，符合申请低保的条件，但是应当承担相应的义务。根据我国《最低生活保障审核审批办法（试行）》第十二条的规定，“申请人应当履行以下义务：（一）按规定提交相关材料，书面声明家庭收入和财产状况，并签字确认；（二）履行授权核查家庭经济状况的相关手续；（三）承诺所提供的信息真实、完整”。因此，低保申请人在享有法律赋予的权利的同时，也应当承担相应的义务。

法条链接

《最低生活保障审核审批办法（试行）》

第十二条 申请人应当履行以下义务：

（一）按规定提交相关材料，书面声明家庭收入和财产状况，并签字确认；

（二）履行授权核查家庭经济状况的相关手续；

（三）承诺所提供的信息真实、完整。

94. 哪些属于低保申请人的可支配家庭收入？

生活实例

唐山市某社区居民张某一家6口人没有分户。张某和妻子半年前从当地一企业双双下岗，每月可以领取750元的下岗补贴，张某的母亲每月可以领取200多元的养老金。儿子张小某，因一次交通事故患上癫痫病，无法正常劳动，儿媳在轮船制造厂上班，每月工资1000元，同时还得照顾张小某，他们育有一个儿子正在上小学。他们家有一处闲置的单元楼用于出租，每月租金400元。请问，若张某欲申请低保，他家的可支配家庭收入包括哪些？

律师讲解

根据我国《最低生活保障审核审批办法（试行）》第十六条的规定，家庭可支配收入是指扣除缴纳的个人所得税及个人按规定缴纳的社会保障性支出后的收入。主要包括：工资性收入、家庭经营净（纯）收入、财产性收入、转移性收入、其他应当计入家庭收入的项目。具体到本案中，张某家的可支配家庭收入包括出租房屋的400元收入，属于财产性收入；张某及妻子领取的750元的下岗补贴及张某的母亲每月领取的200多元的养老金，属于转移性收入；儿媳在轮船制造厂上班每月工资1000元，属于工资性收入。

法条链接

《最低生活保障审核审批办法（试行）》

第十六条 家庭可支配收入是指扣除缴纳的个人所得税及个人按规定缴纳的社会保障性支出后的收入。主要包括：

（一）工资性收入。指因任职或者受雇而取得的工资、薪金、奖金、劳动分红、津贴、补贴以及与任职或者受雇有关的其他所得等。

（二）家庭经营净（纯）收入。指从事生产、经营及有偿服务活动所得。包括从事种植、养殖、采集及加工等农林牧渔业的生产收入，从事工业、建筑业、手工业、交通运输业、批发和零售贸易业、餐饮业、文教卫生业和社会服务业等经营及有偿服务活动的收入等。

（三）财产性收入。包括动产收入和不动产收入。动产收入是指出让无形资产、特许权等收入，储蓄存款利息、有价证券红利、储蓄性保险投资以及其他股息和红利等收入，集体财产收入分红和其他动产收入等。不动产收入是指转租承包土地经营权、出租或者出让房产以及其他不动产收入等。

（四）转移性收入。指国家、单位、社会团体对居民家庭的各种转移支付和居民家庭间的收入转移。包括赡养费、扶养费、抚养费，离退休金、失业保险金，社会救济金、遗属补助金、赔偿收入，接受遗产收入、接受捐赠（赠送）收入等。

（五）其他应当计入家庭收入的项目。

95. 低保户中的老幼病残，是否会得到特殊的照顾？

生活实例

南京市某社区居民王某，眼睛残疾，一家共5口人。妻子在家操持家务，照顾90多岁的患有各种慢性疾病的老母亲。他们有两个孩子，女儿上大学三年级，儿子（15 岁）在上中学。王某在家附近搭了个棚修鞋和配钥匙，全家人靠他微薄的收入艰难度日。再加上两个孩子上学，昂贵的学费使全家人的生活越发拮据。三个月前，王某全家被纳入低保。那么，低保户中的老幼病残，会得到特殊照顾吗？

律师讲解

低保户中的老幼病残，会得到特殊照顾。根据我国《最低生活保障审核审批办法（试行）》第二十八条的规定，对低保家庭中的老年人、未成年人、重度残疾人、重病患者、县级以上地方人民政府确定的其他生活困难人员，可以采取多种措施提高救助水平。具体到本案中，王某家人符合法律规定的情形，可以得到特殊照顾。

法条链接

《最低生活保障审核审批办法（试行）》

第二十八条 对低保家庭中的下列人员，可以采取多种措施提高救助水平。

（一）老年人；

（二）未成年人；

（三）重度残疾人；

（四）重病患者；

（五）县级以上地方人民政府确定的其他生活困难人员。

十八、医疗保障与救助

96. 特困供养人员是否可以申请医疗救助？

生活实例

张女士的丈夫一年前因车祸高位截瘫，需要持续治疗，昂贵的医疗费使本不富裕的家庭雪上加霜。张女士的收入微薄，今年儿子又考上了重点大学，全家人很高兴但也为学费犯愁。张女士居住地的街道办事处考虑到张女士的特殊情况，主动为其依法办理特困人员供养，经市政府审查批准，确定张女士的丈夫为特困供给人员。张女士一家每年可以从政府领取4000多元的生活补助。但是因丈夫的病需要长期治疗，他们的生活还是非常困难。请问，像张女士丈夫这样的特困供给人员可以申请医疗救助吗？

律师讲解

张女士丈夫可以向所在区的民政部门申请医疗救助。案例中，张女士丈夫残疾，儿子读书，整个家庭仅有她一个劳动力，生活困难。政府给的生活补助根本无法填补丈夫治疗所需的昂贵医疗费。针对张女士丈夫这种情况，根据我国《社会救助暂行办法》第二十八条的规定，特困供养人员，可以申请相关医疗救助。因此，王女士丈夫可以到相关部门申请相关医疗救助。

特困人员供养制度，从根本上解决了生活困难人员的基本生存问题，使困难群体的生存有了法律上的保障。

法条链接

《社会救助暂行办法》

第二十八条 下列人员可以申请相关医疗救助：

（一）最低生活保障家庭成员；

（二）特困供养人员；

（三）县级以上人民政府规定的其他特殊困难人员。

97. 对于个人应缴纳的医保费用，医疗救助是否会给予补贴？

生活实例

马老太是太原市某工厂的退休职工，参加了市里的城镇居民基本医疗保险。她早年丧夫，后唯一的儿子又在一场车祸中死亡，现在靠着微薄的退休金勉强度日。这几年，马老太身体每况愈下，要靠药物维持正常生活，无力继续支付医疗保险费。马老太居住地的居委会了解到她的情况，代其向街道办事处提出医疗救助的申请。那么，医疗救助对于个人应缴纳的医保费用会给予补贴吗？

律师讲解

医疗救助对于个人应缴纳的医保费用会给予补贴。城镇居民基本医疗保险是社会医疗保险的组成部分，采取以政府为主导，以居民个人（家庭）缴费为主，政府适度补助为辅的筹资方式，按照缴费标准和待遇水平相一致的原则，为城镇居民提供医疗需求的医疗保险制度。本案中，马老太生活困难，需要药物维持正常生活，无力支付医保费。根据我国《社会救助暂行办法》第二十九条的规定，医疗救助采取下列方式：（1）对救助对象参加城镇居民基本医疗保险或者新型农村合作医疗的个人缴费部分，给予补贴……因此，医疗救助对马老太个人应缴纳的医保费用给予补贴，她可以继续享有医保优惠购药。

法条链接

《社会救助暂行办法》

第二十九条　医疗救助采取下列方式：

（一）对救助对象参加城镇居民基本医疗保险或者新型农村合作医疗的个人缴费部分，给予补贴；

（二）对救助对象经基本医疗保险、大病保险和其他补充医疗保险支付后，个人及其家庭难以承担的符合规定的基本医疗自负费用，给予补助。

医疗救助标准，由县级以上人民政府按照经济社会发展水平和医疗救助资金情况确定、公布。

98. 医疗救助应如何申请?

生活实例

李某，河北省秦皇岛市某企业职工。后该企业因经营不善，常年亏损，向法院申请破产，李某也失业了，每个月领取400多元的失业保险金。因李某的丈夫身体残疾，没有工作能力，儿子又刚上初中，靠最低生活保障金和和失业保险金勉强度日。李某听说，家庭生活困难，身体有疾病的人员，可以申请医疗救助。那么，李某可以申请医疗救助吗？她应该如何申请？

律师讲解

李某可以申请医疗救助。根据我国《社会救助暂行办法》第二十八条的规定，最低生活保障家庭成员可以申请相关医疗救助。另外，根据该法第三十条的规定，“申请医疗救助的，应当向乡镇人民政府、街道办事处提出，经审核、公示后，由县级人民政府医疗保障部门审批。最低生活保障家庭成员和特困供养人员的医疗救助，由县级人民政府医疗保障部门直接办理”。因此，李某是最低生活保障家庭成员，可以到县级人民政府医疗保障部门直接办理。

法条链接

《社会救助暂行办法》

第二十八条 下列人员可以申请相关医疗救助：

（一）最低生活保障家庭成员；

……

第三十条　申请医疗救助的，应当向乡镇人民政府、街道办事处提出，经审核、公示后，由县级人民政府医疗保障部门审批。最低生活保障家庭成员和特困供养人员的医疗救助，由县级人民政府医疗保障部门直接办理。

99. 什么是院前医疗急救?

生活实例

李大爷是某钢铁企业退休职工，因孩子在外地工作，李大爷和老伴退休后就住在单位家属楼，两人向来身体不错。可是一天早上，李大爷起床收拾好准备出去晨练时，突然感觉头痛欲裂，老伴看到他脸色苍白，一时手足无措，急忙拨打了社区服务站工作电话，社区工作人员赶到后，发现情况不好便拨打了120急救电话。李大爷的情况涉及院前医疗急救。那么，什么是院前医疗急救呢?

律师讲解

在现实生活中，遇到突发疾病的情况很多，而周边人缺乏院前医疗急救常识很容易使患者病情加重，因此，为了加强院前医疗急救管理，规范院前医疗急救行为，我国制定并实施了《院前医疗急救管理办法》。本案中，李大爷属于突发疾病，若家人不懂得医疗急救常识，很容易延误治疗时机，甚至加重患者病情，所以社区工作人员及时拨打120急救电话是明智的。急救中心接到急救电话后，应及时安排专业医护人员到达急救现场，根据患者实际情况，在将患者送达医疗机构救治前，展开发病现场的抢救工作，转运病人到医疗机构路上的紧急救治工作和途中的监护工作，从而保证患者能稳住病情，到达医院后能及时得到救治。

那么，从法律上来讲，院前急救是怎么回事呢？根据《院前医疗急救管理办法》第二条和第三条的规定，院前医疗急救，是指由急救中心（站）和承担院前医疗急救任务的网络医院（以下简称急救网络医院）按照统一指挥调度，在患者送达医疗机构救治前，在医疗机构外开展的以现场抢救、转运途中紧急救治以及监护为主的医疗活动。院前医疗急救是政府举办的公益性事业，鼓励、支持社会力量参与。

法条链接

《院前医疗急救管理办法》

第一条 为加强院前医疗急救管理，规范院前医疗急救行为，提高院前医疗急救服务水平，促进院前医疗急救事业发展，根据《执业医师法》、《医疗机构管理条例》、《护士条例》等法律法规，制定本办法。

第二条 本办法适用于从事院前医疗急救工作的医疗机构和人员。

本办法所称院前医疗急救，是指由急救中心（站）和承担院前医疗急救任务的网络医院（以下简称急救网络医院）按照统一指挥调度，在患者送达医疗机构救治前，在医疗机构外开展的以现场抢救、转运途中紧急救治以及监护为主的医疗活动。

第三条 院前医疗急救是政府举办的公益性事业，鼓励、支持社会力量参与。卫生计生行政部门按照“统筹规划、整合资源、合理配置、提高效能”的原则，统一组织、管理、实施。

卫生计生行政部门应当建立稳定的经费保障机制，保证院前医疗急救与当地社会、经济发展和医疗服务需求相适应。

100. 什么是城乡医疗救助基金？

生活实例

一日，张某骑自行车到镇上买生活用品。由于天气寒冷，地上的积雪结成了冰，张某在一个拐弯处不小心摔倒了，导致骨盆摔伤，医生建议手术治疗。但是，身为孤寡老人的张某没有积蓄支付医疗费用，每月靠低保维持生活。张某的病友告知张某可以申请城乡医疗救助基金，如申请成功，医疗费就有着落了。那么，城乡医疗救助基金是怎么一回事呢？

律师讲解

本案中，低保户张某因意外受伤需手术治疗，却没有足够的积蓄用于治疗，面对这种情况，我国出台相关法律对这类人群实施帮助，及时地给予资金支持，尽快让他们恢复健康。根据《城乡医疗救助基金管理办法》第二条、第三条和第四条的规定，“城乡医疗救助基金，是指通过公共财政预算、彩票公益金和社会各界捐助等渠道筹集，按规定用于城乡贫困家庭医疗救助的专项基金；城乡医疗救助基金应按照公开、公平、公正、专款专用、收支平衡的原则进行管理和使用；城乡医疗救助基金纳入社会保障基金财政专户（以下简称社保基金专户），实行分账核算，专项管理，专款专用”。所以，城乡医疗救助基金是按照一定的规定用于救助城乡贫困家庭的专用基金。

法条链接

《城乡医疗救助基金管理办法》

第二条　本办法所称城乡医疗救助基金，是指通过公共财政预算、彩票公益金和社会各界捐助等渠道筹集，按规定用于城乡贫困家庭医疗救助的专项基金。

第三条　城乡医疗救助基金应按照公开、公平、公正、专款专用、收支平衡的原则进行管理和使用。

第四条　城乡医疗救助基金纳入社会保障基金财政专户（以下简称社保基金专户），实行分账核算，专项管理，专款专用。县级财政部门将原来在社保基金专户中分设的“城市医疗救助基金专账”和“农村医疗救助基金专账”进行合并，建立“城乡医疗救助基金专账”，用于办理基金的筹集、核拨、支付等业务。

101. 在医保报销后仍难以承受医疗费用的情况下，是否可以申请使用城乡医疗救助基金？

生活实例

一天，张某在放羊途中因追赶羊群不慎从山坡滑下来，导致背部脊椎骨两处骨折，医生建议尽快手术治疗。张某参加了新型农村合作医疗，但是经报销后的手术费用对张某来说还是很高。后来张某得知，贫困人口在治病期间无能力支付医药费，符合条件的可以享受城乡医疗救助基金的帮助。请问，在医保报销后仍难以承受医疗费用的情况下，是否可以申请使用城乡医疗救助基金？

律师讲解

城乡医疗救助基金和基本医疗保险都是为了解决人们看病难问题的，是保证群众及时得到医疗救治的政策。根据《城乡医疗救助基金管理办法》第八条的规定，“城乡医疗救助基金应分别结合城镇居民基本医疗保险和新型农村合作医疗制度（以下简称基本医疗保险）的相关政策规定，统筹考虑城乡困难群众的救助需求，首先确保资助救助对象全部参加基本医疗保险，其次对经基本医疗保险、大病保险和商业保险等补偿后，救助对象仍难以负担的符合规定的医疗费用给予补助，帮助困难群众获得基本医疗服务。对因各种原因未能参加基本医疗保险的救助对象个人自负医疗费用，可直接给予救助”。本案中，张某参加了农村合作医疗，那么，对于合作医疗报销后张某难以负担的费用，城乡医疗救助基金可给予补助。

法条链接

《城乡医疗救助基金管理办法》

第八条 城乡医疗救助基金应分别结合城镇居民基本医疗保险和新型农村合作医疗制度（以下简称基本医疗保险）的相关政策规定，统筹考虑城乡困难群众的救助需求，首先确保资助救助对象全部参加基本医疗保险，其次对经基本医疗保险、大病保险和商业保险等补偿后，救助对象仍难以负担的符合规定的医疗费用给予补助，帮助困难群众获得基本医疗服务。对因各种原因未能参加基本医疗保险的救助对象个人自负医疗费用，可直接给予救助。

102. 如何支付城乡医疗救助基金？

生活实例

上个月，某县民政部门根据实际情况核查城乡医疗救助基金的受众群体，对资助医疗救助的对象做了分类。对参保参合人群，该民政部门与基本医疗保险经办机构将确认后的，符合救助标准的医疗救助人数、参保参合资助标准及资金总量提供给同级财政部门。那么，财政部门审核后，城乡医疗救助基金是如何支付的？

律师讲解

城乡医疗救助基金的支付，需要民政部门将情况提供给同级财政部门，待财政部门审核后才能支付。根据《城乡医疗救助基金管理办法》第十一条的规定，资助医疗救助对象参保参合的，由民政部门将与基本医疗保险经办机构确认后的符合救助标准的医疗救助人数、参保参合资助标准及资金总量提供给同级财政部门，经同级财政部门审核后，从社保基金专户中的“城乡医疗救助基金专账”中将个人缴费核拨至“城镇居民基本医疗保险专账”或“新型农村合作医疗专账”中。所以，本案中财政部门审核无误后，城乡医疗救助基金从社保基金专户中的“城乡医疗救助基金专账”中将个人缴费核拨至“城镇居民基本医疗保险专账”或“新型农村合作医疗专账”中。此外，《城乡医疗救助基金管理办法》第十一条对开展“一站式”即时结算的地区、未开展“一站式”即时结算的地区以及需要事后救助的，都有明确的规定。在此不再赘述。

法条链接

《城乡医疗救助基金管理办法》

第十一条 城乡医疗救助基金原则上实行财政直接支付。民政部门向同级财政部门提交拨款申请，财政部门审核后将城乡医疗救助基金由社保基金专户直接支付到定点医疗机构、定点零售药店或医疗救助对象。

资助医疗救助对象参保参合的，由民政部门将与基本医疗保险经办机构确认后的符合救助标准的医疗救助人数、参保参合资助标准及资金总量提供给同级财政部门，经同级财政部门审核后，从社保基金专户中的“城乡医疗救助基金专账”中将个人缴费核拨至“城镇居民基本医疗保险专账”或“新型农村合作医疗专账”中。

开展“一站式”即时结算的地区，由定点医疗机构和定点零售药店在结算时先扣除基本医疗保险报销费用和医疗救助补助的费用，参保参合救助对象只需结清个人应承担部分。基本医疗保险经办机构、定点医疗机构和定点零售药店所垫付的医疗救助资金情况，在规定时间内报民政部门审核后，由民政部门向同级财政部门提出支付申请，同级财政部门通过“城乡医疗救助基金专账”直接支付给以上机构。

未开展“一站式”即时结算的地区以及需要事后救助的，由医疗救助对象个人按规定出具基本医疗保险报销的补偿审核表或结算单、定点医疗机构复式处方或定点零售药店购药发票等能够证明合规医疗费用的有效凭证，在规定时间内报同级民政部门核批，由民政部门向同级财政部门提出申请，同级财政部门通过“城乡医疗救助基金专账”直接支付给医疗救助对象。对救助对象个人的补助资金原则上通过转账方式，减少现金支出。

统筹地区民政部门可采取通过财政直接支付向定点医疗机构提供一定预付资金额度的方式，减免救助对象住院押金，方便其看病就医。

十九、住房保障与救助

103. 哪些人可以申请住房救助?

生活实例

某日下午，张某居住的街道因旧电线破损短路发生火灾。三位独身老人居住的房屋被烧成一片灰烬。事发之际，老人们正在村委文化活动室聚会活动，三位老人家中的家具、衣物、粮食等生活设备和物资几乎全部焚毁。三位老人（两男子均75岁以上，一女子73岁以上）平时以自给自足的方式生活，没有节余，且三户均是村里的低保户。眼下维持基本生活和整修房屋需要大笔支出，有人建议给老人们申请住房救助。那么，哪些人可以申请住房救助?

律师讲解

我国的社会救助就是国家和其他社会主体对遭受自然灾害、失去劳动能力或者其他低收入公民给予物质帮助或精神救助，以维持其基本生活需求，保障其最低生活水平的各种措施的救助，这其中就包含住房救助。住房救助是对一些住房困难的农村低保户及低保边缘群众提供的房屋改造、翻建、新建的一种措施。根据我国《社会救助暂行办法》第三十七条的规定，国家对符合规定标准的住房困难的最低生活保障家庭、分散供养的特困人员，给予住房救助。本案之中，这场火灾将三位老人的住房以及生活用品等财物烧毁，老人已无房可居，而且都年事已高，还都是村里的低保户，生活困难。对此情况，三位老人依法都是可以申请住房救助的。

法条链接

《社会救助暂行办法》

第三十七条 国家对符合规定标准的住房困难的最低生活保障家庭、分散供养的特困人员，给予住房救助。

104. 租房补助是否包含在住房救助待遇中？

生活实例

汪某家的房子历经祖孙四代已经年久失修，经不起什么大风大雨。汪某的父亲早年因公牺牲，家里无经济能力加固房屋。为保证居住安全，政府帮助汪某与其母亲李氏搬出祖房，租住在胡某的闲置房中。好友刘某知晓汪某家中情况，建议汪某去申请租房补助，寻求住房救助。汪某觉得自己和母亲租住胡某闲置房已经得到了政府帮助，算是享受救助待遇了。那么，这住房救助待遇还包括租房补助吗？

律师讲解

住房救助待遇包括租房补助。根据我国《社会救助暂行办法》第三十八条的规定，住房救助通过配租公共租赁住房、发放住房租赁补贴、农村危房改造等方式实施。在实践之中，住房救助一般是根据救助对象住房实际状况、村镇总体规划、建设规划以及救助对象的意愿，采取新建、改建、扩建、修缮、置换、租用等方式实施救助的。救助对象就地租用闲置房或公租房的，符合当地租房补贴申请条件的，就可提出申请，申请租房补贴。因各地实际情况差异，申请条件可能略有不同，汪某和母亲可以查问一下当地申请租房补贴的具体条件，若符合就能去申请租房补贴。

法条链接

《社会救助暂行办法》

第三十八条 住房救助通过配租公共租赁住房、发放住房租赁补贴、农村危房改造等方式实施。

105. 住房救助应如何申请?

生活实例

赵某是所在城区的低保户。今年春节之后，赵某独自一人拉扯大的两个儿子都依次成婚且都添了小孙子。相比之前的三口之家，家庭成员一下增加了四个，住房显得十分拥挤，甚至拥挤到大家都在的时候不能同时在家里走动。无论买房还是重新修房，赵某和家人都没有经济能力。有人建议赵某去申请住房救助，赵某想去试试。那么，如何申请住房救助呢?

律师讲解

根据我国《社会救助暂行办法》第四十条的规定，赵某的家庭申请住房救助，应当经由其所在的街道办事处向县级人民政府住房保障部门提出，或者赵某家直接向县级人民政府住房保障部门提出申请，经县级人民政府民政部门审核其家庭收入、财产状况，以及县级人民政府住房保障部门审核其家庭住房状况并都公示后，若符合申请条件，由县级人民政府住房保障部门优先给予其保障。另外，若是农村家庭申请住房救助的，按照县级以上人民政府有关规定执行。

法条链接

《社会救助暂行办法》

第四十条　城镇家庭申请住房救助的，应当经由乡镇人民政府、街道办事处或者直接向县级人民政府住房保障部门提出，经县级人民政府民政部门审核家庭收入、财产状况和县级人民政府住房保障部门审核家庭住房状况并公示后，对符合申请条件的申请人，由县级人民政府住房保障部门优先给予保障。

农村家庭申请住房救助的，按照县级以上人民政府有关规定执行。

106. 在申请廉租住房保障时，需要提交哪些材料？

生活实例

郎某父亲早逝，母亲无工作又疾病缠身。郎某在一次交通事故中不幸受伤造成手部残疾，他的家庭经济十分困难，是社区的低保户。郎某的祖父祖母去世后，因为父亲早已不在，叔叔伯伯和众多堂兄弟们都继承了祖父母的房屋，只留给郎某和他生病的母亲一间大院外仅容一张床搁置的简易廊房。听说可以申请廉租住房保障，郎某不想再让母亲跟着自己受罪，便动了申请的心思。那么，申请廉租住房保障，要准备哪些材料呢？

律师讲解

根据我国《廉租住房保障办法》第十六条的规定，郎某申请廉租住房保障，应当提供下列材料：一是郎某家庭收入情况的证明材料；二是郎某家庭住房状况的证明材料；三是郎某家庭成员身份证和户口簿；四是郎某所在市、县人民政府规定的其他证明材料。根据实际情况，第四项中的其他证明材料，不同市、县要求的材料可能略有不同，实践中常见的一些材料是《城市居民最低生活保障金领取证》或者《城市低保边缘户救助证》，有孤、老、病、残等特殊情况的困难家庭相应的证件及证明材料，书面申请书以及申请救助对象的银行账号等。第四项的具体材料就需要郎某询问当地经办机构的工作人员加以确定。

法条链接

《廉租住房保障办法》

第十六条 申请廉租住房保障，应当提供下列材料：

（一）家庭收入情况的证明材料；

（二）家庭住房状况的证明材料；

（三）家庭成员身份证和户口簿；

（四）市、县人民政府规定的其他证明材料。

107. 廉租住房租赁是否也需要签订合同?

生活实例

廉租房政策使得很多城市低收入家庭的住房问题得以缓解，张某一家就是享受廉租住房保障的受益者。张某及妻子早年下岗，全家的经济支出都依靠他们二人每天早晨去市场卖菜的收入。多年来，他们为了供养老家的父母，以及给孩子更好的教育条件，一直没能住上一套大一点儿的房子，一家人挤在一间35平方米的房间里。廉租房政策实施之后，他们积极申请，现在终于轮候到了他们。当地住房主管部门决定以实物配租的方式对他们进行住房保障。那么，廉租住房租赁和平时的租房一样，也需要签合同吗?

律师讲解

《廉租住房保障办法》第二十条第一款规定："对轮候到位的城市低收入住房困难家庭，建设（住房保障）主管部门或者具体实施机构应当按照已确定的保障方式，与其签订租赁住房补贴协议或者廉租住房租赁合同，予以发放租赁住房补贴或者配租廉租住房。"因此，张某也需要与住房保障部门签订租赁合同。同时该办法第二十一条第二款对合同的具体内容进行了规定："……（一）房屋的位置、朝向、面积、结构、附属设施和设备状况；（二）租金及其支付方式；（三）房屋用途和使用要求；（四）租赁期限；（五）房屋维修责任；（六）停止实物配租的情形，包括承租人已不符合规定条件的，将所承租的廉租住房转借、转租或者改变用途，无正当理由连续6个月以上未在所承租的廉租住房居住或者未交纳廉租住房租金等；（七）违约责任及争议解决办法，包括退回廉租住房、调整租金、依照有关法律法规规定处理等；（八）其他约定。"

法条链接

《廉租住房保障办法》

第二十条第一款　对轮候到位的城市低收入住房困难家庭，建设（住房保障）主管部门或者具体实施机构应当按照已确定的保障方式，与其签订租赁住房补贴协议或者廉租住房租赁合同，予以发放租赁住房补贴或者配租廉租住房。

第二十一条第二款 廉租住房租赁合同应当明确下列内容：

（一）房屋的位置、朝向、面积、结构、附属设施和设备状况；

（二）租金及其支付方式；

（三）房屋用途和使用要求；

（四）租赁期限；

（五）房屋维修责任；

（六）停止实物配租的情形，包括承租人已不符合规定条件的，将所承租的廉租住房转借、转租或者改变用途，无正当理由连续6个月以上未在所承租的廉租住房居住或者未交纳廉租住房租金等；

（七）违约责任及争议解决办法，包括退回廉租住房、调整租金、依照有关法律法规规定处理等；

（八）其他约定。

108. 通过欺骗手段获得廉租住房保障的，应承担怎样的法律后果？

生活实例

王某听说国家廉租住房保障政策之后，向当地的相关部门详细了解了廉租住房的申请条件，当地将廉租住房的申请者限制在该地区的低保家庭，因此王某并不符合条件。可是王某觉得廉租住房有利可图，于是精心伪造了低保户证明，工作人员用肉眼难以分辨，最终王某获得了廉租住房并与有关部门签订了租赁合同。那么，对于王某这种通过欺骗手段获得廉租住房保障的，将会承担什么后果？

律师讲解

《廉租住房保障办法》第三十条规定："对以欺骗等不正当手段，取得审核同意或者获得廉租住房保障的，由建设（住房保障）主管部门给予警告；对已经登记但尚未获得廉租住房保障的，取消其登记；对已经获得廉租住房保障的，责令其退还已领取的租赁住房补贴，或者退出实物配租的住房并按市场价格补交以前房租。”因此，王某必须退出实物配租的住房并按照市场价格补交以前的房租。

法条链接

《廉租住房保障办法》

第三十条 对以欺骗等不正当手段，取得审核同意或者获得廉租住房保障的，由建设（住房保障）主管部门给予警告；对已经登记但尚未获得廉租住房保障的，取消其登记；对已经获得廉租住房保障的，责令其退还已领取的租赁住房补贴，或者退出实物配租的住房并按市场价格补交以前房租。

二十、教育与就业救助

109. 哪些人可以得到教育救助?

生活实例

小玲，12岁，就读小学五年级，家中还有两个读初中的姐姐，三个人的学习成绩都很优异。因父亲患病，全家收入仅仅是母亲一人外出务工所得，三个女儿读书的同时还要照顾父亲。她们家庭符合当地获得最低生活保障的条件，当地政府给予了她们最低生活补助，但这对于她们家庭的支出来说远远不够。因此，两个姐姐都想要辍学，外出打工缓解家庭压力，村邻都觉得她们辍学有些可惜。那么，像小玲这种在义务教育阶段就学的最低生活保障家庭成员，可以得到教育救助吗？哪些人可以得到教育救助？

律师讲解

小玲作为义务教育阶段就学的最低生活保障家庭的成员，符合教育救助的条件，可以根据有关程序申请教育救助。《社会救助暂行办法》第三十三条规定："国家对在义务教育阶段就学的最低生活保障家庭成员、特困供养人员，给予教育救助。对在高中教育（含中等职业教育）、普通高等教育阶段就学的最低生活保障家庭成员、特困供养人员，以及不能入学接受义务教育的残疾儿童，根据实际情况给予适当教育救助。"可见，国家不仅对义务教育阶段就学的最低生活保障家庭成员、特困供养人员给予教育救助，而且对于义务教育阶段以上的这两类人员，以及不能入学接受义务教育的残疾儿童，也会根据实际情况给予适当救助。

法条链接

《社会救助暂行办法》

第三十三条 国家对在义务教育阶段就学的最低生活保障家庭成员、特困供养人员，给予教育救助。

对在高中教育（含中等职业教育）、普通高等教育阶段就学的最低生活保障家庭成员、特困供养人员，以及不能入学接受义务教育的残疾儿童，根据实际情况给予适当教育救助。

110. 教育救助的措施包括哪些？

生活实例

军军今年13岁，现就读小学六年级，跟随爷爷奶奶一起生活，但两位老人已经年过花甲，身体状况较差。在军军7岁的时候，父母因意外事故身亡，军军自此之后靠爷爷奶奶抚养。现因老人年事已高丧失劳动能力，仅靠当地的特困人员供养补助维持基本生活。军军的老师了解到他的情况后，觉得国家的教育救助制度可以帮助他，建议他申请教育救助，以此来缓解生活及学费的压力。那么，教育救助的措施都有哪些呢？

律师讲解

教育救助的措施有多种。《社会救助暂行办法》第三十四条规定：“教育救助根据不同教育阶段需求，采取减免相关费用、发放助学金、给予生活补助、安排勤工助学等方式实施，保障教育救助对象基本学习、生活需求。”因此，对于教育救助的对象，该办法规定了减免费用、勤工助学、助学金等多种救助措施，对保障他们的基本生活和学习起到相当大的作用。

法条链接

《社会救助暂行办法》

第三十四条　教育救助根据不同教育阶段需求，采取减免相关费用、发放助学金、给予生活补助、安排勤工助学等方式实施，保障教育救助对象基本学习、生活需求。

111. 就业救助应如何申请？

生活实例

李某的家庭享有最低生活保障，家里就靠他一人外出工作。后李某因在用人单位受工伤，与用人单位解除了劳动合同关系，现李某在家待业。那么，他应如何申请就业救助呢？

律师讲解

《社会救助暂行办法》第四十二条规定：“国家对最低生活保障家庭中有劳动能力并处于失业状态的成员，通过贷款贴息、社会保险补贴、岗位补贴、培训补贴、费用减免、公益性岗位安置等办法，给予就业救助。”本案中，李某的家庭享有最低生活保障，李某有劳动能力并处于失业状态，政府应给予就业救助。该办法第四十四条规定：“申请就业救助的，应当向住所地街道、社区公共就业服务机构提出，公共就业服务机构核实后予以登记，并免费提供就业岗位信息、职业介绍、职业指导等就业服务。”因此，李某应当到当地公共就业服务机构提出申请并登记个人情况，以尽早实现再就业。

法条链接

《社会救助暂行办法》

第四十二条 国家对最低生活保障家庭中有劳动能力并处于失业状态的成员，通过贷款贴息、社会保险补贴、岗位补贴、培训补贴、费用减免、公益性岗位安置等办法，给予就业救助。

第四十四条 申请就业救助的，应当向住所地街道、社区公共就业服务机构提出，公共就业服务机构核实后予以登记，并免费提供就业岗位信息、职业介绍、职业指导等就业服务。

112. 就业困难人员的界定标准是什么？

生活实例

白女士是一位46周岁的在岗人员，在某物业部门做清洁卫生工作，在岗的收入每月仅有1500元，缴纳社会保险后就所剩无几了。距劳动合同到期还有一年多的时间，白女士听人说像她这种情况，还不如申请办理享受就业困难人员优惠政策。这让白女士十分心动，打算到有关部门提交申请材料。那么，就业困难人员需满足哪些条件？白女士能否成功申请到就业困难人员优惠政策呢？

律师讲解

白女士不符合认定就业困难人员条件，不能申请享受相关优惠政策。就业困难人员优惠政策是指采取税费减免、贷款贴息、社会保险补贴、岗位补贴等办法，通过公益性岗位安置等途径，对就业困难人员实行优先扶持和重点帮助。而对于就业困难人员的界定，我国《就业促进法》第五十二条明确规定，就业困难人员是指因身体状况、技能水平、家庭因素、失去土地等原因难以实现就业，以及连续失业一定时间仍未能实现就业的人员。也就是说，就业困难人员优惠政策是针对失业人员而开展的，在岗人员不能申请办理就业困难人员认定，而且收入低不能作为享受优惠政策的条件。据此可知，白女士虽然岗位收入较低，但仍属于在岗人员，不能被认定为就业困难人员，更不能享受就业困难人员的优惠政策。

法条链接

《中华人民共和国就业促进法》

第五十二条　各级人民政府建立健全就业援助制度，采取税费减免、贷款贴息、社会保险补贴、岗位补贴等办法，通过公益性岗位安置等途径，对就业困难人员实行优先扶持和重点帮助。

就业困难人员是指因身体状况、技能水平、家庭因素、失去土地等原因难以实现就业，以及连续失业一定时间仍未能实现就业的人员。就业困难人员的具体范围，由省、自治区、直辖市人民政府根据本行政区域的实际情况规定。

113. 同等条件下竞争社区服务工作的，残疾人是否拥有优先就业的权利？

生活实例

小丽自幼患有眼疾，由于治疗不及时病发成全部失明，年过20岁的她到了就业赚钱的年纪，却在择业过程中屡次碰壁。恰逢本市残疾人联合会组织盲人按摩培训班，小丽很快报名参加了培训，并顺利取得资格证书。目前培训班所在社区的诊所正准备招聘一位按摩师，与小丽一起面试的刘女士也取得了相关资格证书，除身体状况，两人其他条件差不多。那么，小丽对该份工作有优先就业的权利吗？

律师讲解

同等条件下，小丽拥有优先就业的权利。所谓残疾人就业优先权，是指对于残疾人及健全人都可以胜任的工作，残疾人同等条件下有优先于健全人选择就业岗位的权利。残疾人的就业优先权制度是保障残疾人平等权的一项重要法律措施。《残疾人就业条例》第十五条规定，县级以上地方人民政府发展社区服务事业，应当优先考虑残疾人就业。案例中的小丽应聘的正是社区服务单位，且取得了资格证书，能够胜任该工作，依法享有就业优先权。

法条链接

《残疾人就业条例》

第十五条 县级以上人民政府应当采取措施，拓宽残疾人就业渠道，开发适合残疾人就业的公益性岗位，保障残疾人就业。

县级以上地方人民政府发展社区服务事业，应当优先考虑残疾人就业。

114. 哪些免费服务是残疾人就业服务机构应为残疾人提供的？

生活实例

某市一家残疾人就业服务中心终于组建成功了，正式运营的第一天就有30多位残疾人前来登记，热线电话的咨询也很多，刘太太就是其中一位咨询者。刘太太几年前因车祸造成右腿残疾，又由于学历较低且未掌握一定技术，一直没找到工作。听说好多残疾人朋友都来服务中心登记，刘太太便拨通了咨询热线，想了解一下有哪些免费服务。那么，残疾人就业服务中心能为登记的残疾人提供哪些免费服务？

律师讲解

残疾人就业服务机构，是专门为残疾人提供就业服务的机构，是残疾人劳动就业服务体系的重要组成部分。其主要功能是在劳动部门、市场监督管理部门等的指导下，开展扶持服务，以帮助残疾人参加生产劳动。具体服务项目在《残疾人就业条例》的第二十二条中已作了明确规定，包括发布残疾人就业信息，组织开展残疾人职业培训，为残疾人提供职业心理咨询、职业适应评估、职业康复训练、求职定向指导、职业介绍等服务。

法条链接

《残疾人就业条例》

第二十二条　中国残疾人联合会及其地方组织所属的残疾人就业服务机构应当免费为残疾人就业提供下列服务：

（一）发布残疾人就业信息；

（二）组织开展残疾人职业培训；

（三）为残疾人提供职业心理咨询、职业适应评估、职业康复训练、求职定向指导、职业介绍等服务；

（四）为残疾人自主择业提供必要的帮助；

（五）为用人单位安排残疾人就业提供必要的支持。

国家鼓励其他就业服务机构为残疾人就业提供免费服务。

二十一、特困供养

115. 特困人员供养包括哪些内容？疾病治疗包含在内吗？

生活实例

王奶奶早年丧夫，唯一的儿子早亡，也没有其他亲人可以投靠。如今她年岁已经大了，身患疾病，维持基本生活已经很困难，更谈不上治病了。王奶奶居住地的居委会及时了解掌握了她生活困难、无力治病的情况，代其向街道办事处提出特困供养人员的书面申请。那么，特困人员供养的内容包括哪些？能给治疗疾病吗？

律师讲解

本案中，王奶奶居住地的居委会代为提出书面申请的，街道办事处会对王奶奶的家庭收入状况、财产状况进行调查核实，提出初审意见，在所在社区公示后报县级人民政府民政部门审批。县级人民政府民政部门经审查，对符合条件的申请予以批准，并在王奶奶所在社区公布。《社会救助暂行办法》第十五条第一款规定："特困人员供养的内容包括：（一）提供基本生活条件；（二）对生活不能自理的给予照料；（三）提供疾病治疗；（四）办理丧葬事宜。"也就是说，对特困人员的供养不仅包括保障其基本生活，还包括对疾病的治疗，甚至包括丧葬事宜。所以，王奶奶获得特困供养人员的批准后，不仅生活有了保障，看病也不是问题了。

法条链接

《社会救助暂行办法》

第十五条 特困人员供养的内容包括：

（一）提供基本生活条件；

（二）对生活不能自理的给予照料；

（三）提供疾病治疗；

（四）办理丧葬事宜。

特困人员供养标准，由省、自治区、直辖市或者设区的市级人民政府确定、公布。

特困人员供养应当与城乡居民基本养老保险、基本医疗保障、最低生活保障、孤儿基本生活保障等制度相衔接。

116. 特困人员供养待遇应由哪些人享受？

生活实例

王某自小身患残疾，没有劳动能力，一直都是由父母照顾。现在，王某已经 40 多岁，父亲前年因病去世，母亲年岁已高，没有能力再出去工作，平时只能靠给人洗洗衣服维持生计。那么，在这种情况下，王某是否可以享受特困人员供养待遇？

律师讲解

《社会救助暂行办法》第十四条规定："国家对无劳动能力、无生活来源且无法定赡养、抚养、扶养义务人，或者其法定赡养、抚养、扶养义务人无赡养、抚养、扶养能力的老年人、残疾人以及未满 16 周岁的未成年人，给予特困人员供养。"本案中，王某因身患残疾，没有劳动能力、无生活来源且没有其他扶养义务人，其母亲也没有劳动能力，无力抚养王某。综上可以得知，王某符合享受特困人员供养的条件，可以申请享受特困人员供养待遇。

法条链接

《社会救助暂行办法》

第十四条 国家对无劳动能力、无生活来源且无法定赡养、抚养、扶养义务人，或者其法定赡养、抚养、扶养义务人无赡养、抚养、扶养能力的老年人、残疾人以及未满16周岁的未成年人，给予特困人员供养。

117. 特困人员供养申请应如何提出？是否可以找人代办？

生活实例

王大爷今年75岁，住在村里的一处破旧房子里，一直独身没有成家，也没有其他的亲戚。王大爷年轻的时候靠种地维持生活，现在年事已高，没有能力再耕地，自己也没有多少积蓄。王大爷现在身体也不好，每月吃药是一笔不小的开销，他没有足够的钱治病，甚至生活开销也无力负担。王大爷想申请特困人员供养，但是他不识字。那么，王大爷应如何提出申请？可以找人代办吗？

律师讲解

《社会救助暂行办法》第十六条规定："申请特困人员供养，由本人向户籍所在地的乡镇人民政府、街道办事处提出书面申请；本人申请有困难的，可以委托村民委员会、居民委员会代为提出申请。特困人员供养的审批程序适用本办法第十一条规定。"本案中，王大爷自己申请特困人员供养有困难，可以委托村民委员会代为提出申请。对于王大爷的申请，相关行政部门应依照该法第十一条规定的程序审批。根据规定，"乡镇人民政府、街道办事处应当通过入户调查、邻里访问、信函索证、群众评议、信息核查等方式，对申请人的家庭收入状况、财产状况进行调查核实，提出初审意见，在申请人所在村、社区公示后报县级人民政府民政部门审批"，"县级人民政府民政部门经审查，对符合条件的申请予以批准，并在申请人所在村、社区公布；对不符合条件的申请不予批准，并书面向申请人说明理由"。

法条链接

《社会救助暂行办法》

第十一条 申请最低生活保障，按照下列程序办理：

（一）由共同生活的家庭成员向户籍所在地的乡镇人民政府、街道办事处提出书面申请；家庭成员申请有困难的，可以委托村民委员会、居民委员会代为提出申请。

（二）乡镇人民政府、街道办事处应当通过入户调查、邻里访问、信函索证、群众评议、信息核查等方式，对申请人的家庭收入状况、财产状况进行调查核实，提出初审意见，在申请人所在村、社区公示后报县级人民政府民政部门审批。

（三）县级人民政府民政部门经审查，对符合条件的申请予以批准，并在申请人所在村、社区公布；对不符合条件的申请不予批准，并书面向申请人说明理由。

第十六条 申请特困人员供养，由本人向户籍所在地的乡镇人民政府、街道办事处提出书面申请；本人申请有困难的，可以委托村民委员会、居民委员会代为提出申请。

特困人员供养的审批程序适用本办法第十一条规定。

118. 不再符合供养条件的特困供养人员应该怎么办？

生活实例

小明今年10岁了，父母双亡，一直跟着年迈的爷爷生活，但是爷爷年龄大了，不能再出去工作，爷孙俩的生活很艰难，连小明的教育费用，爷爷都负担不起。后小明向居民委员会提出特困人员的书面申请，经审查，县级人民政府民政部门对小明的特困人员供养申请予以批准，并在社区公布。不久，小明的爷爷去世，小明被一对好心的夫妇收养，办理了合法的收养手续。请问，此时，小明不再符合供养条件，应该怎么办？

律师讲解

《社会救助暂行办法》第十四条规定：“国家对无劳动能力、无生活来源且无法定赡养、抚养、扶养义务人，或者其法定赡养、抚养、扶养义务人无赡养、抚养、扶养能力的老年人、残疾人以及未满16周岁的未成年人，给予特困人员供养。”小明刚年满10岁且没有父母，符合特困供养人员的条件，经县级人民政府批准，享受供养待遇。但是，后来小明被他人依法收养，不再符合特困供养人员的条件，应该按照该办法第十八条规定办理终止供养，即“特困供养人员不再符合供养条件的，村民委员会、居民委员会或者供养服务机构应当告知乡镇人民政府、街道办事处，由乡镇人民政府、街道办事处审核并报县级人民政府民政部门核准后，终止供养并予以公示”。

法条链接

《社会救助暂行办法》

第十四条 国家对无劳动能力、无生活来源且无法定赡养、抚养、扶养义务人，或者其法定赡养、抚养、扶养义务人无赡养、抚养、扶养能力的老年人、残疾人以及未满16周岁的未成年人，给予特困人员供养。

第十八条 特困供养人员不再符合供养条件的，村民委员会、居民委员会或者供养服务机构应当告知乡镇人民政府、街道办事处，由乡镇人民政府、街道办事处审核并报县级人民政府民政部门核准后，终止供养并予以公示。

119. 不愿被集中供养的特困供养人员，是否可以选择自己在家？

生活实例

王大爷今年72岁，没有儿女，现在年事已高，不能外出工作。因没有赡养义务人也没有固定的生活来源，王大爷向居民委员会提出特困供养人员申请，后县级人民政府民政部门予以批准，决定把王大爷安排到当地的供养服务机构生活。但是，王大爷在自己的家居住习惯了，况且现在还能够生活自理，不愿意到供养服务机构参加集中供养。那么，特困供养人员不愿参加集体生活，可以选择自己在家吗?

律师讲解

《社会救助暂行办法》第十九条规定：“特困供养人员可以在当地的供养

服务机构集中供养，也可以在家分散供养。特困供养人员可以自行选择供养形式。”所以，王大爷若不愿在当地的供养服务机构集中供养，可以在家分散供养。

法条链接

《社会救助暂行办法》

第十九条　特困供养人员可以在当地的供养服务机构集中供养，也可以在家分散供养。特困供养人员可以自行选择供养形式。

第五章　医疗事故处理法律常识

二十二、医疗事故的认定

120. 在私人诊所就医发生的事故，属于医疗事故吗？

生活实例

大王庄妇女毕某因患风湿到本村余某开的私人诊所（无执业许可证）就医，余某用十余味中药给毕某配了一个药方，让毕某按方吃药。毕某服用后当晚出现不良反应，到医院检查确诊为药物中毒。其后毕某拿着余某开的药方到当地法院提起医疗事故诉讼，却被法院告知此案不能作为医疗事故处理。那么，在私人诊所就医发生的事故，属于医疗事故吗？

律师讲解

医疗事故法律关系的形成，需要双方具备相应的主体要件。按照我国《医疗事故处理条例》第二条的规定，医疗事故的主体应是医疗机构及其医务人员。本案中余某的诊所没有执业许可证，不属于医疗机构，余某不具备医疗事故的主体条件，因此本案不能按医疗事故处理，而只能按非法行医处理，赔偿也只能按照民事侵权处理。

法条链接

《医疗事故处理条例》

第二条　本条例所称医疗事故，是指医疗机构及其医务人员在医疗活动中，违反医疗卫生管理法律、行政法规、部门规章和诊疗护理规范、常规，过失造成患者人身损害的事故。

第六十条第一款 本条例所称医疗机构，是指依照《医疗机构管理条例》的规定取得《医疗机构执业许可证》的机构。

第六十一条 非法行医，造成患者人身损害，不属于医疗事故，触犯刑律的，依法追究刑事责任；有关赔偿，由受害人直接向人民法院提起诉讼。

121. 医疗事故与医疗意外是否存在区别？

生活实例

韩某因发高烧去医院检查，经确诊是肺炎，需要注射青霉素。护士按规定给韩某做了过敏皮试，不久，韩某出现呼吸困难等异常反应。医院见状立即进行急救，但抢救无效，韩某死亡。韩某家属认为是医疗事故，要求医院赔偿。而医院辩称韩某因青霉素皮试过敏而导致死亡，是医学上非常罕见的现象，对此医院不存在过失，应为医疗意外而非医疗事故，故此不应承担赔偿责任。请问，医疗事故和医疗意外有区别吗？

律师讲解

医疗事故与医疗意外是有区别的。所谓医疗事故，是指医疗机构及其医务人员在医疗活动中，违反医疗卫生管理法律、行政法规、部门规章和诊疗护理规范、常规，过失造成患者人身损害的事故。也就是说，在医疗事故中，医疗机构及其工作人员存在过失行为。而医疗意外则是指由于患者的特殊体质或者异常病情而发生的难以预料和防范的不良后果，对于此后果，医院方不能预见，主观上也不存在过错，所以不应承担责任。

本案中，医院对韩某的诊断、治疗及用药都是正确的，护士为韩某做皮试也是按正常的规程操作，因此医院不存在过失。韩某的死亡是由于其体内机能的原因产生了高度过敏的反应，而且医院也履行了及时救治的义务，因此医院不应承担赔偿责任。

法条链接

《医疗事故处理条例》

第三十三条 有下列情形之一的，不属于医疗事故：

……

（二）在医疗活动中由于患者病情异常或者患者体质特殊而发生医疗意外的；

……

第四十九条第二款 不属于医疗事故的，医疗机构不承担赔偿责任。

122. 因疾病特殊导致的误诊属于医疗事故吗？

生活实例

小张因身体不适去医院检查，经过一番检查之后医院却无法确诊。医生建议小张稍做等待，待下周专家来本地会诊之时再来查明病因。专家如期而至，经过专家会诊，因为小张的疾病特殊，专家们也拿不太准。专家们集体讨论之后给出了治疗意见。可是不久之后，小张的病情却越发严重了。小张家人想办法探听消息，得知了小张病情内幕，于是状告医院误诊导致医疗事故，要求赔偿。那么，医院是否真的误诊导致了医疗事故？

律师讲解

由于人体的差异和疾病的复杂性，误诊现象是客观存在的。误诊是否需要承担责任应视具体情况具体分析。医生主观臆断，不认真检查，造成重要疾病遗漏或误诊，必然难逃法律惩戒。但是，由于客观资料不全、症状不典型，医生经过积极会诊观察、尝试性治疗仍无法准确认定疾病时，也不应承担责任。依照《医疗事故处理条例》第四十九条第二款规定，不属于医疗事故的，医疗机构不承担赔偿责任。那么误诊是否构成医疗事故有两个关键要素：第一是在医疗活动中，是否违反医疗卫生管理法律、行政法规、部门规章和诊疗护理规范、常规；第二是是否造成患者人身损害。本案中，医院是由于小张疾病特殊而致使小张的疾病没有治好，反而病情加重，依法医院不承担责任。

法条链接

《医疗事故处理条例》

第二条 本条例所称医疗事故，是指医疗机构及其医务人员在医疗活动中，违反医疗卫生管理法律、行政法规、部门规章和诊疗护理规范、常规，过失造成患者人身损害的事故。

第四十九条第二款 不属于医疗事故的，医疗机构不承担赔偿责任。

123. 紧急情况下因抢救行为导致伤亡的，构成医疗事故吗？

生活实例

前段时间，林某在田间除草时不幸被蝮蛇咬伤，其妻子赶紧将林某送往村医务室进行治疗，但由于村医疗室的设备与药品极为缺乏，医生李某建议把林某紧急送往县医院治疗，但当时林某出现了脸色发青发紫、呼吸困难等严重反应，李某于是决定将林某被咬的手指截掉。这时，林某的父亲带着自制的祖传解药赶到，林某化险为夷，但随后接指手术失败。于是林某以医疗事故将李某告上法庭。那么，在情况紧急的时候因抢救行为导致伤亡的，是否属于医疗事故？

律师讲解

本案涉及抢救行为是否违法的问题。在医疗护理工作中往往会出现不良后果，正确判断此类后果的性质，对于认定其是否属于医疗事故具有重大意义。实际上在本案中，李某的行为属于紧急情况下的抢救行为，不构成医疗事故，李某无须承担赔偿责任。对此我国法律法规已经作出了相关规定。《医疗事故处理条例》第三十三条规定："有下列情形之一的，不属于医疗事故：（一）在紧急情况下为抢救垂危患者生命而采取紧急医学措施造成不良后果的；……”对于本条第一项规定的紧急情况，我们应做以下理解，首先，必须是为了保护伤病员的生命与健康，必须是伤病员的生命受到了严重影响，具有生命危险；其次，必须是在不得已的情况下；再次，采取的紧急措施损害程度不能超过必要限度；最后，医务人员在抢救的过程中要尽职尽责，恪尽职守。

法条链接

《医疗事故处理条例》

第三十三条 有下列情形之一的，不属于医疗事故：

（一）在紧急情况下为抢救垂危患者生命而采取紧急医学措施造成不良后果的；

（二）在医疗活动中由于患者病情异常或者患者体质特殊而发生医疗意外的；

（三）在现有医学科学技术条件下，发生无法预料或者不能防范的不良后果的；

（四）无过错输血感染造成不良后果的；

（五）因患方原因延误诊疗导致不良后果的；

（六）因不可抗力造成不良后果的。

124. 因医疗手术引发后遗症的，是否构成医疗事故？该如何处理？

生活实例

王某是一位相貌平平的姑娘，但一直期望有一张漂亮的脸蛋，于是决定到整容医院做手术。第一次整容手术非常成功，但王某觉得没有达到自己的要求，要求再次手术。术后王某还是不满意，请求医生再次整容，医生一再告诉她，整容不可以再三进行，不然可能会出现严重的后果，但王某执意手术，医生只得再次手术，手术也很成功。但不久，王某的面容大面积蜕皮，几近毁容。王某以医疗事故为由将整容医院告上法庭。那么，由于医疗手术而发生后遗症的，是否为医疗事故？应如何处理？

律师讲解

在本案中，王某的面部在整容后应当属于术后的后遗症，对于后遗症是否可以认定为医疗事故，不能一概而定，关键还在于后遗症是否由医务人员的过错行为导致。若后遗症的发生是在现有科学技术的条件下无法预测或不能防范的，则不能构成医疗事故。对此我国《医疗事故处理条例》第三十三条有明确的规定："有下列情形之一的，不属于医疗事故：……（三）在现有医学科学技术条件下，发生无法预料或者不能防范的不良后果的；……"

对于本案中的人体整容手术后可能出现的后遗症，就目前的医学条件而言，是不可能避免和完全防范的，加上医务人员在整容过程中并无过错，而且再三告诉过王某存在的可能风险，因此本案应当属于上述法条第三项规定的情形，当出现这种情况及规定的其他情形时，不属于医疗事故，医院及其医护人员是无须承担任何责任的。

法条链接

《医疗事故处理条例》

第三十三条 有下列情形之一的，不属于医疗事故：

（一）在紧急情况下为抢救垂危患者生命而采取紧急医学措施造成不良后果的；

（二）在医疗活动中由于患者病情异常或者患者体质特殊而发生医疗意外的；

（三）在现有医学科学技术条件下，发生无法预料或者不能防范的不良后果的；

（四）无过错输血感染造成不良后果的；

（五）因患方原因延误诊疗导致不良后果的；

（六）因不可抗力造成不良后果的。

125. 在何种情况下医疗事故会构成犯罪?

生活实例

一日，王某和朋友聚会时突然肚子剧痛，到医院检查后确诊是慢性阑尾炎并做了切割手术。手术后，王某感觉身体一动伤口就会疼痛，而且一周后伤口还未痊愈。后来，王某到医院拆线时发现，在伤口缝合处的皮肤里隐藏着半根缝合针。正是由于缝合时医生的针有一半折在了皮肤里，但是医生并未及时发现，导致王某身体受到了二次伤害，伤口难以愈合。那么，在这起医疗事故中，医生的行为使王某受到了伤害，是否构成了犯罪?

律师讲解

我们都知道在发生医疗事故后，一般情况下，医院与直接的医务人员都要承担相应的责任，医院往往要赔偿受害人的各种损失，而负直接责任的医务人员往往要承担相应的行政责任或纪律责任。但在医务人员严重不负责任的情况下，他们还有可能触犯刑法，构成医疗事故罪，要受到刑罚的处罚。

首先我们来明确一下，什么是医疗事故罪。医疗事故罪是指医务人员严重不负责任，造成就诊人员死亡或者严重损害就诊人员身体健康的行为。从犯罪的构成来讲，分为四个方面：首先，必须是医务人员，即经过考核和卫生行政部门的批准、承认取得相应资格的各级、各类卫生技术人员；其次，医务人员存在过失，即并不是故意要害病人，但往往故意违反规章制度和医疗护理常规；再次，存在严重不负责任的行为，即故意违反规章制度和医疗护理常规，实施了禁止的行为，或没有做应该做的行为；最后，造成患者死亡或健康受到严重损害。对此我国法律已经作出了相关的规定。

《医疗事故处理条例》第五十三条规定：“卫生行政部门的工作人员在处理医疗事故过程中违反本条例的规定，利用职务上的便利收受他人财物或者其他利益，滥用职权，玩忽职守，或者发现违法行为不予查处，造成严重后果的，依照刑法关于受贿罪、滥用职权罪、玩忽职守罪或者其他有关罪的规定，依法追究刑事责任；尚不够刑事处罚的，依法给予降级或者撤职的行政处分。”

《刑法》第三百三十五条规定："医务人员由于严重不负责任，造成就诊人死亡或者严重损害就诊人身体健康的，处三年以下有期徒刑或者拘役。"

本案中，缝合针是否完整，在进行缝合伤口时医生肯定是心知肚明的，明显是由于医生严重不负责任，导致严重损害王某的身体健康，所以医生的行为已构成犯罪。

法条链接

《医疗事故处理条例》

第五十三条 卫生行政部门的工作人员在处理医疗事故过程中违反本条例的规定，利用职务上的便利收受他人财物或者其他利益，滥用职权，玩忽职守，或者发现违法行为不予查处，造成严重后果的，依照刑法关于受贿罪、滥用职权罪、玩忽职守罪或者其他有关罪的规定，依法追究刑事责任；尚不够刑事处罚的，依法给予降级或者撤职的行政处分。

《中华人民共和国刑法》

第三百三十五条 医务人员由于严重不负责任，造成就诊人死亡或者严重损害就诊人身体健康的，处三年以下有期徒刑或者拘役。

二十三、医疗事故纠纷的责任承担

126. 术后将纱布留在患者体内的，医院是否应承担赔偿责任？

生活实例

半年前，杜某在某医院产下一男孩。产后，杜某总感觉下身疼痛，不能行走。随后，杜某到某妇科医院诊断，结果令其大吃一惊：由于其生产时宫颈出血，当班护士便将一块纱布摁在其流血处为其止血，却忘记取出。杜某因此患上严重的阴道炎。针对这一结果，杜某向其生产的医院讨要赔偿。那么，医院应当赔偿吗？赔偿标准是什么？

律师讲解

医院应当承担全部赔偿责任。医院护士将纱布遗留在杜某体内，违反医疗卫生法规、规范，其行为有明显的过失，并且造成了杜某人身损害的后果，应当认定为医疗事故。所以，医院应当承担赔偿责任。

法条链接

《医疗事故处理条例》

第二条 本条例所称医疗事故，是指医疗机构及其医务人员在医疗活动中，违反医疗卫生管理法律、行政法规、部门规章和诊疗护理规范、常规，过失造成患者人身损害的事故。

第四十九条 医疗事故赔偿，应当考虑下列因素，确定具体赔偿数额：

（一）医疗事故等级；

（二）医疗过失行为在医疗事故损害后果中的责任程度；

（三）医疗事故损害后果与患者原有疾病状况之间的关系。

不属于医疗事故的，医疗机构不承担赔偿责任。

《中华人民共和国民法典》

第一千二百一十八条 患者在诊疗活动中受到损害，医疗机构或者其医务人员有过错的，由医疗机构承担赔偿责任。

127. 因B超错误致孕妇产下残疾儿的，医院应否承担赔偿责任？

生活实例

温女士怀孕期间进行了5次B超检查，医院的检查报告除第一次显示“胎儿结构未见异常”之外，其余4次均明确显示“胎儿肢体显示不满意”或“胎儿结构无法完整显示”。尽管如此，诊治医生竟然每次都是随手就在《妇幼保健服务手册》上注明“B超显示正常”。温女士十月怀胎产下男婴，却发现婴儿没有右下肢。温女士遂以医院侵害其“健康生育选择权”为由，要求医院承担赔偿责任。那么，医院应否承担赔偿责任呢？

律师讲解

医院应当承担赔偿责任。医院的医务人员在医疗活动中，发现胎儿异常后，应当能够预见到不做进一步产前诊断，可能会导致婴儿肢体残缺，却没有做进一步的产前诊断，提出终止妊娠的医学意见，并最终导致残疾胎儿得以生产。医院主观上存在过错，致使温女士一家要遭受长期的痛苦，所以应当承担民事责任，赔偿其损失。

法条链接

《中华人民共和国母婴保健法》

第十七条 经产前检查，医师发现或者怀疑胎儿异常的，应当对孕妇进行产前诊断。

第十八条 经产前诊断，有下列情形之一的，医师应当向夫妻双方说明情况，并提出终止妊娠的医学意见：

（一）胎儿患严重遗传性疾病的；

（二）胎儿有严重缺陷的；

（三）因患严重疾病，继续妊娠可能危及孕妇生命安全或者严重危害孕妇健康的。

128. 医院伪造病历的，患者能否要求医院承担责任？

生活实例

潘某到某医院做胆囊摘除手术，半年后潘某在参加单位体检时得知自己的左肾在那次手术中被切除。医院解释，在胆囊摘取时发现潘某左肾积水，所以才予以切除，并出具了一份由潘某爱人签字的手术同意书，而潘某的爱人称自己从未见过此病历，也未签过字。潘某向省卫生厅提出做字迹鉴定，鉴定结果是病历上的签名并非潘某爱人所写。那么，潘某能否要求医院承担责任?

律师讲解

潘某有权要求医院承担侵权责任和赔偿责任。本案中，该医院在未经潘某及其家属同意的情况下，擅自将其左肾切除，给潘某造成了严重伤害，并在术后伪造病历，为自己推脱责任。根据《民法典》第一千二百二十二条的规定，患者在诊疗活动中受到损害，医疗机构存在遗失、伪造、篡改或者违法销毁病历资料等行为的，推定医疗机构有过错。《医疗事故处理条例》第九条规定："严禁涂改、伪造、隐匿、销毁或者抢夺病历资料。"根据该条例第五十八条规定，医疗机构或者其他有关机构涂改、伪造、隐匿、销毁病历资料的，由卫生行政部门责令改正，给予警告；对负有责任的主管人员和其他直接责任人员依法给予行政处分或者纪律处分；情节严重的，由原发证部门吊销其执业证书或者资格证书。因此，医院应当为严重侵害了潘某的生命健康权而承担赔偿责任。

法条链接

《中华人民共和国民法典》

第一千二百二十二条 患者在诊疗活动中受到损害，有下列情形之一的，推定医疗机构有过错：

（一）违反法律、行政法规、规章以及其他有关诊疗规范的规定；

（二）隐匿或者拒绝提供与纠纷有关的病历资料；

（三）遗失、伪造、篡改或者违法销毁病历资料。

《医疗事故处理条例》

第九条 严禁涂改、伪造、隐匿、销毁或者抢夺病历资料。

第五十八条 医疗机构或者其他有关机构违反本条例的规定，有下列情形之一的，由卫生行政部门责令改正，给予警告；对负有责任的主管人员和其他直接责任人员依法给予行政处分或者纪律处分；情节严重的，由原发证部门吊销其执业证书或者资格证书：

……

（二）涂改、伪造、隐匿、销毁病历资料的。

129. 患者因输血而感染艾滋病的，其损害应由谁来承担？

生活实例

9年前，唐某在某县医院分娩时，做了输血急诊手术，当时急需用血，该医院临时找来五个卖血者给唐某提供了2000毫升血液，这些血液全部输给了唐某。前段时间，唐某出现浑身乏力、全身疱疹、皮炎、经常低烧等症状，在某大型医院住院治疗，被检测出艾滋病毒、丙肝双重感染，且此时艾滋病已进入发病期。经证实是唐某在手术时输入不合格血液所造成，唐某陷入灾难深渊。那么，她的损害由谁来承担？

律师讲解

唐某的损害应当由她分娩时的县医院承担。本案中，唐某在分娩手术中被输入2000毫升血液，9年后她被查出因输入带有艾滋病毒的血液而感染艾滋病，并已到发病期，如今病痛缠身。《民法典》第一千二百二十三条规定："因药品、消毒产品、医疗器械的缺陷，或者输入不合格的血液造成患者损害的，患者可以向药品上市许可持有人、生产者、血液提供机构请求赔偿，也可以向医疗机构请求赔偿。患者向医疗机构请求赔偿的，医疗机构赔偿后，有权向负有责任的药品上市许可持有人、生产者、血液提供机构追偿。"这说明输入不合格血液造成患者损害的，医疗机构和血液提供机构都是责任承担主体。县医院当时自行采血没有对输血者进行检查，同时也是血液提供机构，因此县医院应承担赔偿责任，并不得要求其他单位代为承担。

法条链接

《中华人民共和国民法典》

第一千二百二十三条 因药品、消毒产品、医疗器械的缺陷，或者输入不合格的血液造成患者损害的，患者可以向药品上市许可持有人、生产者、血液提供机构请求赔偿，也可以向医疗机构请求赔偿。患者向医疗机构请求赔偿的，医疗机构赔偿后，有权向负有责任的药品上市许可持有人、生产者、血液提供机构追偿。

130. 通过常规检查未发现手术禁忌证的，医院是否应承担责任？

生活实例

上个月月初，张先生因被诊断为肝癌晚期而选择接受住院治疗，术前进行了全部常规检查并未发现手术禁忌证。同月 20 日，经医生研讨确定了手术方案，经家属签字同意后立即进行了手术，手术不幸失败，张先生于次日凌晨死亡。医疗鉴定结果表明，张先生所患肝硬化突发病变，阳性肝硬化系该手术方案中禁忌证之一。据此，张太太到医院讨要说法，但院方称其禁忌证为当前医疗水平下常规检验无法辨识的特例，其已尽合理注意义务、风险告知义务，拒绝承担任何责任。那么，在此情况下，医院是否应承担责任？

律师讲解

该医院不需承担法律责任。本案中医疗人员已经安排了具备一般医疗技术水平的常规检查，均未能发现其肝硬化转阳病情，已尽到了合理注意义务，主观上并无过错可言。《医疗事故处理条例》第三十三条中对现有医学科学技术条件下发生无法预料或者不能防范的不良后果的情形做出了明确认定，将其排除在医疗事故范围之外。我国《民法典》第一千二百一十八条规定：“患者在诊疗活动中受到损害，医疗机构或者其医务人员有过错的，由医疗机构承担赔偿责任。”这就表明，侵权责任的承担以行为人存在过错为前提，而医院作为非过错方，当然不需承担赔偿责任。

法条链接

《中华人民共和国民法典》

第一千二百一十八条 患者在诊疗活动中受到损害，医疗机构或者其医务人员有过错的，由医疗机构承担赔偿责任。

《医疗事故处理条例》

第三十三条 有下列情形之一的，不属于医疗事故：

（一）在紧急情况下为抢救垂危患者生命而采取紧急医学措施造成不良后果的；

（二）在医疗活动中由于患者病情异常或者患者体质特殊而发生医疗意外的；

（三）在现有医学科学技术条件下，发生无法预料或者不能防范的不良后果的；

（四）无过错输血感染造成不良后果的；

（五）因患方原因延误诊疗导致不良后果的；

（六）因不可抗力造成不良后果的。

131. 当幼儿发生疑似预防接种异常反应时，医院是否有妥善处理的义务？

生活实例

小王夫妇结婚两年，便有了宝贝儿子小小王。家中人人都对小小王悉心照料，按时做幼儿体检、接种疫苗。然而在一次预防接种后，小小王却出现了晕厥、过敏性休克等症状，情况十分危急。小王给儿子办理了住院手续，经过医院紧急检查治疗后，医院推断可能是出现了预防接种异常反应，要进一步会诊来确定。如果会诊确定真是预防接种异常反应，那么，医院有义务妥善处理吗？

律师讲解

如果确诊小小王发生预防接种异常反应，医院有义务妥善处理，应及时诊治或立即组织抢救。依据《预防接种异常反应鉴定办法》第二条及《疫苗管理法》的规定，预防接种异常反应，是指合格的疫苗在实施规范接种过程中或者实施规范接种后造成受种者机体组织器官、功能损害，相关各方均无过错的药品不良反应。其特点为:（1）病例的发生与预防接种存在合理的时间关联性，即必须是在预防接种过程中或接种后发生;（2）受种者机体发生一定的组织器官或功能方面的损害;（3）病例在就诊时接诊医生怀疑病例的发生与预防接种有关。当发生预防接种异常反应后，根据该法第五十四条的规定，医疗机构和接种单位等发现疑似预防接种异常反应，应当按规定及时向疾病预防控制机构报告。否则将依该法第八十九条接受处罚。由此可见，当发生预防接种异常反应后，医院有义务妥善处理。

法条链接

《预防接种异常反应鉴定办法》

第二条　预防接种异常反应，是指合格的疫苗在实施规范接种过程中或者实施规范接种后造成受种者机体组织器官、功能损害，相关各方均无过错的药品不良反应。

《中华人民共和国疫苗管理法》

第五十二条第一款　预防接种异常反应，是指合格的疫苗在实施规范接种过程中或者实施规范接种后造成受种者机体组织器官、功能损害，相关各方均无过错的药品不良反应。

第五十四条　接种单位、医疗机构等发现疑似预防接种异常反应的，应当按照规定向疾病预防控制机构报告。

疫苗上市许可持有人应当设立专门机构，配备专职人员，主动收集、跟踪分析疑似预防接种异常反应，及时采取风险控制措施，将疑似预防接种异常反应向疾病预防控制机构报告，将质量分析报告提交省、自治区、直辖市人民政府药品监督管理部门。

第八十九条　疾病预防控制机构、接种单位、医疗机构未按照规定报告疑似预防接种异常反应、疫苗安全事件等，或者未按照规定对疑似预防接种异常反应组织调查、诊断等的，由县级以上人民政府卫生健康主管部门责令改正，给予警告；情节严重的，对接种单位、医疗机构处五万元以上五十万元以下的罚款，对疾病预防控制机构、接种单位、医疗机构的主要负责人、直接负责的主管人员和其他直接责任人员依法给予警告直至撤职处分；造成严重后果的，对主要负责人、直接负责的主管人员和其他直接责任人员依法给予开除处分，由原发证部门吊销负有责任的医疗卫生人员的执业证书。

132. 心脏手术中损伤其他脏器的，医院需要赔偿吗？

生活实例

赵大伯在一次外出中，心脏病突发，晕倒在地，被救起送往医院紧急抢救后，医生向赵大伯家属说明各种情况，依规为赵大伯做了心脏手术。手术之后，赵大伯出院回家。回家后赵大伯却总感觉身体还是不舒服，在家人陪同下再次来医院做检查。检查发现，赵大伯的心脏是好的，但其他脏器被损伤了。赵大伯的家人便在医院驻扎，要求医院治好赵大伯并承担赔偿责任，否则不会离开。那么，医院应否承担赔偿责任？

律师讲解

在心脏手术中损害了患者其他脏器，医院应该承担赔偿责任，这是毋庸置疑的。依据《民法典》第一千二百一十八条的规定，因医疗机构或其医务人员有过错，导致患者在诊疗中受到了伤害，就应由医疗机构承担赔偿责任。赵大伯在心脏手术中其他脏器被损伤，医院明显对赵大伯其他脏器的损伤有过错，医院应该承担赔偿责任。依据《医疗事故处理条例》第十五条的规定，发生或者发现医疗过失行为，医疗机构及其医务人员应当立即采取有效措施，避免或者减轻对患者身体健康的损害，防止损害扩大。所以医院在发现赵大伯其他脏器受损之后，应当立即采取有效措施，避免或者减轻对赵大伯身体健康的损害，防止损害扩大，然后再来讨论责任承担的其他事宜。

法条链接

《中华人民共和国民法典》

第一千二百一十八条 患者在诊疗活动中受到损害，医疗机构或者其医务人员有过错的，由医疗机构承担赔偿责任。

《医疗事故处理条例》

第十五条 发生或者发现医疗过失行为，医疗机构及其医务人员应当立即采取有效措施，避免或者减轻对患者身体健康的损害，防止损害扩大。

133. 因司药员错发药物导致病人中毒的，谁应承担赔偿责任？

生活实例

一天，家住北京丰台区的李奶奶在外出遛弯时不小心摔倒，致使其左腿胯骨错位，住院治疗。院方认为李奶奶年事已高不适合手术，所以选择了保守的药物治疗。李奶奶住院期间，医生按时查看病情并根据病情变化对症用药，李奶奶恢复良好。李奶奶住院半个月后的一天，司药员小王拿药让李奶奶服用后，过了一会儿，李奶奶出现了不适反应，浑身红肿、瘙痒。经院方化验得知，司药员将李奶奶一直吃的消炎药错发成了与消炎药外观相似的另一种药，而李奶奶对该药物中的成分氯苯那敏过敏，引起了中毒反应。李奶奶家属将医院告上法庭，要求医院承担相关责任。后经法院委托医学会鉴定，此案明显是由司药员过失造成的，属于医疗事故。那么，医院是否应该负有法律责任，对受害者进行赔偿呢？

律师讲解

本案中，司药员发错药品对患者的身体健康造成损害，经医学会鉴定，属于医疗事故。根据《医疗事故处理条例》第二条规定，医疗事故是指医疗机构及其医务人员在医疗活动中，违反医疗卫生管理法律、行政法规、部门规章和诊疗护理规范、常规，过失造成患者人身损害的事故 。在本案中，很明显是由于司药员的过失导致李奶奶吃错药而引起过敏反应。根据《医疗事故处理条例》第四十九条规定，由于司药员过失致使李奶奶身心受到伤害，医院应依法对李奶奶及家属进行赔偿。

法条链接

《医疗事故处理条例》

第二条　本条例所称医疗事故，是指医疗机构及其医务人员在医疗活动中，违反医疗卫生管理法律、行政法规、部门规章和诊疗护理规范、常规，过失造成患者人身损害的事故。

第四十九条　医疗事故赔偿，应当考虑下列因素，确定具体赔偿数额：

（一）医疗事故等级；

（二）医疗过失行为在医疗事故损害后果中的责任程度；

（三）医疗事故损害后果与患者原有疾病状况之间的关系。

不属于医疗事故的，医疗机构不承担赔偿责任。

二十四、医疗事故纠纷的处理

134. 误诊后，医院与死者家属就赔偿问题是否可以“私了”？

生活实例

董女士有一个 4 岁半的女儿瑶瑶，一个傍晚瑶瑶突然发烧，并伴有腹泻症状，董女士立即携带女儿赶往附近儿童医院就医，诊疗医师诊断为上呼吸道感染，开具了药方。董女士遵医嘱给女儿用药，但两天后瑶瑶病情加重，呕吐不止，复诊医师怀疑是食物中毒，遂安排了转院，由于延误了诊疗时间，瑶瑶在转院途中不幸死亡。医院作为责任主体为避免该事件对院方声誉造成不良影响，安排与死者家属就赔偿问题进行“私了”。那么，这种“私了”行为是否为法律所允许呢？

律师讲解

医院与死者家属的“私了”行为有效。“私了”意为“不经过司法程序私下协商解决”，根据《医疗事故处理条例》第四十六条的规定可知，医患双方协商、申请调解、提起诉讼是解决医疗事故赔偿的三种合法途径。但仍须注意的是，该法第四十七条规定了，双方当事人协商解决医疗事故的赔偿等民事责任争议的，应当制作协议书。因此患者家属与医院“私了”时，要注重协议书的签订。

法条链接

《医疗事故处理条例》

第四十六条 发生医疗事故的赔偿等民事责任争议，医患双方可以协商解决；不愿意协商或者协商不成的，当事人可以向卫生行政部门提出调解申请，也可以直接向人民法院提起民事诉讼。

第四十七条 双方当事人协商解决医疗事故的赔偿等民事责任争议的，应当制作协议书。协议书应当载明双方当事人的基本情况和医疗事故的原因、双方当事人共同认定的医疗事故等级以及协商确定的赔偿数额等，并由双方当事人在协议书上签名。

135. 向法院提出医疗事故损害赔偿时，哪些人具有原告资格？可以提出哪些请求？

生活实例

方某由于生活及工作不规律等原因，导致阳痿，严重影响了正常的夫妻生活。方某对此一直很苦恼，于是决定到A医院治疗。A医院给方某开了一些药物，最初很见效果，但之后病情不断加重。方某不得不到B医院治疗，B医院经诊断，认为由于方某长期服用副作用巨大的激素类药物，已经基本丧失了男性能力，方某经不住此等打击而自杀。于是方某的妻子将A医院告上法庭，要求A医院赔偿损失，并提出赔偿精神损失的诉讼请求。那么，方某的妻子能否作为原告提出医疗事故损害的赔偿？可以提出什么请求？

律师讲解

司法实践中，发生医疗纠纷后，患者本人、患者死亡时的近亲属、患者的被抚养人、参与医疗事故处理的患者近亲属均可以作为原告，提出医疗事故损害的赔偿，对此，我国法律已经作出了明确规定。《民法典》第一千一百七十九条规定："侵害他人造成人身损害的，应当赔偿医疗费、护理费、交通费、营养费、住院伙食补助费等为治疗和康复支出的合理费用，以及因误工减少的收入。造成残疾的，还应当赔偿辅助器具费和残疾赔偿金；造成死亡的，还应当赔偿丧葬费和死亡赔偿金。"

《医疗事故处理条例》第五十一条规定："参加医疗事故处理的患者近亲属所需交通费、误工费、住宿费，参照本条例第五十条的有关规定计算，计算费用的人数不超过2人。医疗事故造成患者死亡的，参加丧葬活动的患者的配偶和直系亲属所需交通费、误工费、住宿费，参照本条例第五十条的有关规定计算，计算费用的人数不超过2人。"

由此可见，对于医疗事故而言，并非只有患者才可以作为原告进行诉讼，作为患者的被抚养人、参与医疗事故处理的患者近亲属均可以提出。在本案中，方某的妻子当然可以作为原告提起诉讼。

法条链接

《中华人民共和国民法典》

第一千一百七十九条 侵害他人造成人身损害的，应当赔偿医疗费、护理费、交通费、营养费、住院伙食补助费等为治疗和康复支出的合理费用，以及因误工减少的收入。造成残疾的，还应当赔偿辅助器具费和残疾赔偿金；造成死亡的，还应当赔偿丧葬费和死亡赔偿金。

《医疗事故处理条例》

第五十一条 参加医疗事故处理的患者近亲属所需交通费、误工费、住宿费，参照本条例第五十条的有关规定计算，计算费用的人数不超过2人。

医疗事故造成患者死亡的，参加丧葬活动的患者的配偶和直系亲属所需交通费、误工费、住宿费，参照本条例第五十条的有关规定计算，计算费用的人数不超过2人。

136. 在进行医疗事故诉讼时，患者应如何确定管辖法院？

生活实例

住所地在某市东区的梁某，因为牙疼到一个位于市西区的牙科医院看病。手术中，牙医误将高浓度盐酸视为生理盐水为梁某洗牙，造成梁某口腔大面积烧伤，虽经医院大力救治，仍然导致梁某几乎丧失饮食能力。梁某想起诉该牙科医院，请问，该如何选择法院？

律师讲解

我国《民事诉讼法》第二十八条规定："因侵权行为提起的诉讼，由侵权行为地或者被告住所地人民法院管辖。"

根据上述法条的规定，本案中的梁某可以选择侵权行为发生地的法院或者被告住所所在地的法院进行起诉。此外，我们应当注意，若侵权行为地和被告住所地不是在同一个地方，则几个法院均有管辖权，此时原告有权选择其中的一个法院进行起诉。若原告同时向几个法院提起诉讼，则由最初受理的法院管辖。

法条链接

《中华人民共和国民事诉讼法》

第二十八条 因侵权行为提起的诉讼，由侵权行为地或者被告住所地人民法院管辖。

137. 哪些费用应在医疗事故损害赔偿的范围内？

生活实例

上个月，小张不慎从二楼摔下，经医院检查是右腿骨折，须手术治疗。手术过程中，主治医生李某将小张右腿大动脉割伤导致大出血，错过了手术的最佳治疗期，为了保障小张的生命安全，医生与患者及家属商议后采取了截肢手术。小张夫妻二人想到以后的生活就觉得没有了希望，小张不仅丧失了工作能力而且需要妻子照顾，妻子的工资也不能担负起生活的重担。小张觉得是因为医院的过失使自己的生活偏离了正常的轨道，医院应承担责任。于是，小张要求医院赔偿自己和家人今后的生活费、妻子误工费、医药费、精神损失费等共计 50 万元。那么，小张索要的赔偿费是在法定医疗事故损害赔偿的范围内吗？

律师讲解

在日常生活中，一旦发生医疗事故，就会给患者及其家属带来巨大的痛苦。面对医疗事故灾难，患者及其家人一定要讨个说法，要求赔偿就是正确的维权方式。当然赔偿的范围就是一个关键问题。《医疗事故处理条例》第五十条规定："医疗事故赔偿，按照下列项目和标准计算：

"（一）医疗费：按照医疗事故对患者造成的人身损害进行治疗所发生的医疗费用计算，凭据支付，但不包括原发病医疗费用。结案后确实需要继续治疗的，按照基本医疗费用支付。

"（二）误工费：患者有固定收入的，按照本人因误工减少的固定收入计算，对收入高于医疗事故发生地上一年度职工年平均工资 3 倍以上的，按照 3 倍计算；无固定收入的，按照医疗事故发生地上一年度职工年平均工资计算。

"（三）住院伙食补助费：按照医疗事故发生地国家机关一般工作人员的出差伙食补助标准计算。

"（四）陪护费：患者住院期间需要专人陪护的，按照医疗事故发生地上一年度职工年平均工资计算。

"（五）残疾生活补助费：根据伤残等级，按照医疗事故发生地居民年平均生活费计算，自定残之月起最长赔偿30年；但是，60周岁以上的，不超过15年；70周岁以上的，不超过5年。

“（六）残疾用具费：因残疾需要配置补偿功能器具的，凭医疗机构证明，按照普及型器具的费用计算。

“（七）丧葬费：按照医疗事故发生地规定的丧葬费补助标准计算。

“（八）被扶养人生活费：以死者生前或者残疾者丧失劳动能力前实际扶养且没有劳动能力的人为限，按照其户籍所在地或者居所地居民最低生活保障标准计算。对不满16周岁的，扶养到16周岁。对年满16周岁但无劳动能力的，扶养20年；但是，60周岁以上的，不超过15年；70周岁以上的，不超过5年。

“（九）交通费：按照患者实际必需的交通费用计算，凭据支付。

“（十）住宿费：按照医疗事故发生地国家机关一般工作人员的出差住宿补助标准计算，凭据支付。

“（十一）精神损害抚慰金：按照医疗事故发生地居民年平均生活费计算。造成患者死亡的，赔偿年限最长不超过6年；造成患者残疾的，赔偿年限最长不超过3年。”

由此可见，我国《医疗事故处理条例》中规定的对医疗事故受害人的赔偿多达11条。本案中，受害人小张可以根据自己的情况，向医院提出合理的请求，以保护自己的最大利益，小张提出的赔偿项都应在法律规定范围内，至于数额多少可根据当地情况跟医院协商而定。

法条链接

《医疗事故处理条例》

第五十条 医疗事故赔偿，按照下列项目和标准计算：

（一）医疗费：按照医疗事故对患者造成的人身损害进行治疗所发生的医疗费用计算，凭据支付，但不包括原发病医疗费用。结案后确实需要继续治疗的，按照基本医疗费用支付。

……

138. 因医疗事故而导致患者死亡的，丧葬费和死亡赔偿金应如何计算？

生活实例

韩某因肺炎住进某医院，医院医师在没有做皮试的情况下，就给韩某注射了大量的青霉素，结果韩某因为青霉素过敏而导致休克，后经医治无效死亡。请问，韩某的家人要求医院支付的丧葬费和死亡赔偿金如何计算？

律师讲解

医疗事故致使患者死亡的，死者的家属有权要求加害人支付丧葬费和死亡赔偿金。丧葬费是指由于医疗机构的过失直接或间接导致患者死亡，安葬死者遗体所支付的必要费用，包括存尸费、葬礼费、火化费、坟场支付的费用和其他费用。本案中，韩某因为某医院的过失而死亡，属于医疗事故，医院应当支付韩某家人赔偿费用。但丧葬费和死亡赔偿金的支付都有一定的标准，不能漫天要价。这些我国的相关法律都有规定。

《医疗事故处理条例》第五十条规定："医疗事故赔偿，按照下列项目和标准计算：……（七）丧葬费：按照医疗事故发生地规定的丧葬费补助标准计算。……"

《最高人民法院关于审理人身损害赔偿案件适用法律若干问题的解释》第十五条规定："死亡赔偿金按照受诉法院所在地上一年度城镇居民人均可支配收入或者农村居民人均纯收入标准，按二十年计算。但六十周岁以上的，年龄每增加一岁减少一年；七十五周岁以上的，按五年计算。"

由此可见，对于患者因为医疗事故死亡的，死者的家属可以要求相关的医疗机构支付丧葬费与死亡赔偿金，并且，根据死者年龄的不同，可能会得到不同的死亡赔偿金。

法条链接

《医疗事故处理条例》

第五十条 医疗事故赔偿，按照下列项目和标准计算：

……

（七）丧葬费：按照医疗事故发生地规定的丧葬费补助标准计算。

……

《最高人民法院关于审理人身损害赔偿案件适用法律若干问题的解释》

第十五条 死亡赔偿金按照受诉法院所在地上一年度城镇居民人均可支配收入或者农村居民人均纯收入标准，按二十年计算。但六十周岁以上的，年龄每增加一岁减少一年；七十五周岁以上的，按五年计算。

139. 由于医疗事故而导致误工的，误工费应如何计算？

生活实例

2019年8月，小王发生了交通意外，左腿髋关节伤势严重需手术治疗，但是，手术过程中小王遇上了极其不负责的医生。在手术过程中，医生错误地将小王完好的右腿当成病变的左腿进行治疗，等到医生开刀后发现右腿并没有受伤才意识到错误。为了不耽误左腿的治疗期限，医生们又全力救治左腿。虽然手术很成功，但是两次手术给小王的身体带来了很大的损伤，整体恢复时间延长了三个月，严重影响了小王的工作，其单位因小王不能正常工作没有给他发这三个月的工资。对此，小王认为，医生的不负责任，不仅给自己的身体带来了伤害，而且耽误了自己的工作，要求院方赔偿相应的误工费作为补偿。那么，小王的要求合理吗？

律师讲解

误工费是指患者因为治疗由医疗事故造成的损害后果耽误工作而遭受的收

入损失。明确误工费的损失计算标准有利于患者更好地维护自己的合法权益。对误工费的计算方法，我国法律、法规已经作出了相关规定。

《医疗事故处理条例》第五十条第二项规定："（二）误工费：患者有固定收入的，按照本人因误工减少的固定收入计算，对收入高于医疗事故发生地上一年度职工年平均工资3倍以上的，按照3倍计算；无固定收入的，按照医疗事故发生地上一年度职工年平均工资计算。"

《最高人民法院关于审理人身损害赔偿案件适用法律若干问题的解释》第七条规定："误工费根据受害人的误工时间和收入状况确定。误工时间根据受害人接受治疗的医疗机构出具的证明确定。受害人因伤致残持续误工的，误工时间可以计算至定残日前一天。受害人有固定收入的，误工费按照实际减少的收入计算。受害人无固定收入的，按照其最近三年的平均收入计算；受害人不能举证证明其最近三年的平均收入状况的，可以参照受诉法院所在地相同或者相近行业上一年度职工的平均工资计算。"

需要注意的是，对于无固定收入的人，按照医疗事故发生地的上一年度职工年平均工资计算。但如果受害人没有劳动能力的，自然误工费的损失也就没有必要计算了。

本案中，小王是有固定工作的，因不能上班，单位没有给小王发工资，所以医院应根据情况赔偿小王三个月的工资作为误工费。

法条链接

《医疗事故处理条例》

第五十条　医疗事故赔偿，按照下列项目和标准计算：

……

（二）误工费：患者有固定收入的，按照本人因误工减少的固定收入计算，对收入高于医疗事故发生地上一年度职工年平均工资3倍以上的，按照3倍计算；无固定收入的，按照医疗事故发生地上一年度职工年平均工资计算。

……

《最高人民法院关于审理人身损害赔偿案件适用法律若干问题的解释》

第七条　误工费根据受害人的误工时间和收入状况确定。

误工时间根据受害人接受治疗的医疗机构出具的证明确定。受害人因伤致残持续误工的，误工时间可以计算至定残日前一天。

受害人有固定收入的，误工费按照实际减少的收入计算。受害人无固定收入的，按照其最近三年的平均收入计算；受害人不能举证证明其最近三年的平均收入状况的，可以参照受诉法院所在地相同或者相近行业上一年度职工的平均工资计算。

140. 因医疗事故而致残的，生活补助费及残疾用具费应如何计算？

生活实例

两个月前，在工厂上班的张某不慎将左腿伸到了旋转的机器中，瞬间血肉模糊。送到医院简单处理后，医生告知张某并没有伤到骨头，没什么大事，消毒包扎后一周内就可痊愈。听了医生的话，张某悬着的心落地了。但是，一周后，张某觉得左腿刺痛，完全不能活动，到医院检查后，医生诊断其左腿已经因细菌感染导致细胞坏死，必须立即手术截掉左腿，否则将危及生命。手术后，张某变成了残疾人，给工作、生活带来了很大的不便。张某认为自己失去左腿是医生错误诊断，耽误最佳治疗期造成的。所以，张某要求医院进行赔偿。那么，该如何计算其生活补助费以及残疾用具费？

律师讲解

首先我们应当了解什么是残疾生活补助费及残疾用具费。残疾生活补助费是指患者因为医疗事故而致残疾，丧失全部或部分劳动能力，从而需要的必要生活补助费用。同时，伤残者由于部分功能的丧失或障碍，可能需要一些辅助工具以满足受害者生活的需要，这就是残疾用具费。

对于医疗事故案件中的生活补助费、残疾用具费的计算方法，我国法律也有相关规定。

《最高人民法院关于审理人身损害赔偿案件适用法律若干问题的解释》第十二条规定：“残疾赔偿金根据受害人丧失劳动能力程度或者伤残等级，按照受诉法院所在地上一年度城镇居民人均可支配收入或者农村居民人均纯收入标准，自定残之日起按二十年计算。但六十周岁以上的，年龄每增加一岁减少一年；七十五周岁以上的，按五年计算。受害人因伤致残但实际收入没有减少，或者伤残等级较轻但造成职业妨害严重影响其劳动就业的，可以对残疾赔偿金作相应调整。”该司法解释第十三条规定：“残疾辅助器具费按照普通适用器具的合理费用标准计算。伤情有特殊需要的，可以参照辅助器具配制机构的意见确定相应的合理费用标准。辅助器具的更换周期和赔偿期限参照配制机构的意见确定。”

《医疗事故处理条例》第五十条规定：“医疗事故赔偿，按照下列项目和标准计算：……（五）残疾生活补助费：根据伤残等级，按照医疗事故发生地居民年平均生活费计算，自定残之月起最长赔偿30年；但是，60周岁以上的，不超过15年；70周岁以上的，不超过5年。（六）残疾用具费：因残疾需要配置补偿功能器具的，凭医疗机构证明，按照普及型器具的费用计算。……”

可见，对于残疾生活补助费与残疾工具费，是根据年龄来计算的，不同的年龄可能会导致支付的赔偿数额不同。本案中，因医生没有给张某进行及时的救治，导致其截肢，成为残疾人，丧失了劳动能力。由于张某还处在工作阶段，所以，医院应根据当地收入水平对张某进行生活赔偿，保障其正常生活；同时，应根据张某自身情况为其安假肢或配备轮椅等残疾辅助器。

法条链接

《最高人民法院关于审理人身损害赔偿案件适用法律若干问题的解释》

第十二条　残疾赔偿金根据受害人丧失劳动能力程度或者伤残等级，按照受诉法院所在地上一年度城镇居民人均可支配收入或者农村居民人均纯收入标准，自定残之日起按二十年计算。但六十周岁以上的，年龄每增加一岁减少一年；七十五周岁以上的，按五年计算。

受害人因伤致残但实际收入没有减少，或者伤残等级较轻但造成职业妨害严重影响其劳动就业的，可以对残疾赔偿金作相应调整。

第十三条　残疾辅助器具费按照普通适用器具的合理费用标准计算。伤情有特殊需要的，可以参照辅助器具配制机构的意见确定相应的合理费用标准。

辅助器具的更换周期和赔偿期限参照配制机构的意见确定。

《医疗事故处理条例》

第五十条 医疗事故赔偿，按照下列项目和标准计算：

……

（五）残疾生活补助费：根据伤残等级，按照医疗事故发生地居民年平均生活费计算，自定残之月起最长赔偿30年；但是，60周岁以上的，不超过15年；70周岁以上的，不超过5年。

（六）残疾用具费：因残疾需要配置补偿功能器具的，凭医疗机构证明，按照普及型器具的费用计算。

……

第六章　自主创业法律常识

二十五、个体工商户

141. 个体户工商登记中的住所是哪里？

生活实例

陈某高中毕业后就到深圳打工，经过几年打拼，准备在当地开办一家家政服务公司。陈某做好了前期准备工作，到市场监督管理局填写申请书时却遇到了难题，陈某的户籍地是河南某市，但自己的常住地是深圳。那么，到底什么是工商登记中应当填写的住所地呢？

律师讲解

根据《个体工商户登记管理办法》第七条的规定，经营者姓名和住所，是指申请登记为个体工商户的公民姓名及其户籍所在地的详细住址。住所是指为使法律关系集中于一处而确定的自然人或法人的地址，是公民生活和进行民事活动的主要基地或中心场所。公民经申请登记为个体工商户后，公民在居民身份证或户口簿上登记的“住址”转变为个体工商户营业执照上载明的“住所”。案例中的陈某在个体工商户经营者的住所一栏应该登记其户籍所在地，即河南省某市。

法条链接

《个体工商户登记管理办法》

第七条 经营者姓名和住所，是指申请登记为个体工商户的公民姓名及其户籍所在地的详细住址。

142. 以家庭经营模式设立的个体工商户，所有参加经营的人员是否都需备案？

生活实例

董某年轻时以修自行车为生，成家以后妻子建议其以夫妻共同财产成立一家门面店，专营自行车配件的买卖及自行车的修理。董某听从了妻子的建议，当其携带相关材料到当地市场监督管理局办理登记备案时，工作人员知道其是以家庭经营模式设立的个体工商户，就要求其将妻子的信息同时备案。请问，工作人员的这种要求合理吗？

律师讲解

根据《个体工商户登记管理办法》第八条的规定，个体工商户的组成形式，包括个人经营和家庭经营。家庭经营的，参加经营的家庭成员姓名应当同时备案。本案例中董某的店铺属于家庭经营，所以参与经营的董某的妻子的相关信息也应同时备案。

法条链接

《个体工商户登记管理办法》

第八条 组成形式，包括个人经营和家庭经营。

家庭经营的，参加经营的家庭成员姓名应当同时备案。

143. 市场监督管理部门强制个体工商户出赞助费的行为，符合法律规定吗？

生活实例

刘某在父亲的帮助下成立了一家办公用品店，并依法办理了工商登记手续。由于刘某经营有方，该店的生意异常红火，知名度也逐渐提高，在当地小有名气。今年年初，当刘某去当地市场监督管理局进行年检时，却被告知要其交纳1万元的赞助费，否则无法年检。虽然几经询问也不知要赞助什么，但刘某为了减少店铺不必要的麻烦，还是交了1万元赞助费。请问，市场监督管理部门能强制个体户交纳赞助费吗？

律师讲解

本案中市场监督管理局在年检时强制收取刘某赞助费的行为是违法的。根据我国《个体工商户条例》第十八条的规定，任何部门和单位不得向个体工商户集资、摊派，不得强行要求个体工商户提供赞助或者接受有偿服务。因此，本案中，市场监督管理局的行为明显违法，市场监督管理局不能也没有权力通过任何方式、手段、名目向个体工商户收取赞助费等不合法费用，自然也就不能要求某个工商户必须出赞助费。本案中，刘某也无须向市场监督管理局交纳赞助费，而且刘某完全可以通过合法途径维护自己的合法权益。

法条链接

《个体工商户条例》

第十八条　任何部门和单位不得向个体工商户集资、摊派，不得强行要求个体工商户提供赞助或者接受有偿服务。

144. 个体工商户申请贷款有条件限制吗？

生活实例

齐某大学毕业后开办了一家美甲店，由于诚信经营、待客友善，在当地口碑非常不错。于是，齐某打算扩大经营，在当地开设一家更大的店面。在选好店面后，齐某核算了一下成本，还差 5 万元钱，齐某打算去银行申请贷款，但不知道有无限制性条件。那么，个体工商户申请贷款有无限制性条件？

律师讲解

齐某去银行申请贷款的做法是符合我国法律规定的。根据我国《个体工商户条例》第二十条的规定，个体工商户可以凭营业执照及税务登记证明，依法在银行或者其他金融机构开立账户，申请贷款。金融机构应当改进和完善金融服务，为个体工商户申请贷款提供便利。因此，个体工商户向银行申请贷款是有法有据的，国家支持和鼓励个体工商户在资金不足时向银行申请贷款。银行也会为个体工商户申请贷款提供便利。齐某准备好银行需要的材料，凭其经营的美甲店的营业执照及税务登记证向银行申请经营性贷款缓解资金压力是可行的。

法条链接

《个体工商户条例》

第二十条 个体工商户可以凭营业执照及税务登记证明，依法在银行或者其他金融机构开立账户，申请贷款。

金融机构应当改进和完善金融服务，为个体工商户申请贷款提供便利。

145. 个体工商户在招聘店员时，是否需要签订劳动合同？

生活实例

王林的妻子下岗后，自己开办了一家化妆品专卖店。随着开店时间的增长，该店的客流量越来越大，王林妻子一个人已经无法照看该店了，于是，她招聘了两名店员。虽然二人按时上下班，王林的妻子也按时给她们发放工资，但双方一直没有签订劳动合同。后来，王林告诉妻子，应当跟她们签订合同，以免日后引起不必要的麻烦，但妻子认为，一个个体户，店面又不大，用人也很少，没有必要签订合同。请问，他们二人谁的说法正确？

律师讲解

王林的说法是正确的，王林的妻子应当与其聘用的两名店员签订书面劳动合同。根据我国《个体工商户条例》第二十一条的规定，个体工商户可以根据经营需要招用从业人员。个体工商户应当依法与招用的从业人员订立劳动合同，履行法律、行政法规规定和合同约定的义务，不得侵害从业人员的合法权益。因此，王林的妻子作为个体工商户经营者，应依法与员工签订劳动合同。

法条链接

《个体工商户条例》

第二十一条　个体工商户可以根据经营需要招用从业人员。

个体工商户应当依法与招用的从业人员订立劳动合同，履行法律、行政法规规定和合同约定的义务，不得侵害从业人员的合法权益。

二十六、合伙企业

146. 合伙人对外转让财产份额时，其他合伙人是否享有优先购买权？

生活实例

张某、林某、宋某三人成立了一家普通合伙企业，自成立以来该合伙企业效益一直不错，但张某家里突发急事急需用钱，张某就想将其在合伙企业中的财产份额转让给自己的朋友吴某。张某将此事通知林某和宋某后，林某表示自己愿出跟吴某同样的钱购买张某的财产份额，但张某认为自己已经跟朋友协商好了，就没有同意林某的说法。请问，张某的做法正确吗？合伙人林某享有优先购买权吗？

律师讲解

张某在同等价格条件下应该将其财产份额转让给林某。根据《合伙企业法》第二十三的规定，合伙人向合伙人以外的人转让其在合伙企业中的财产份额的，在同等条件下，其他合伙人有优先购买权。在本案中，张某因家中急需用钱将其在合伙企业中的财产份额转让给好友吴某，这是一种向合伙人以外的人转让财产份额的行为。合伙人林某与非合伙人吴某在同等价格条件下均表示接受转让，合伙人林某享有优先购买的权利。因此，张某在同等价格条件下应该将其财产份额转让给林某。

法条链接

《中华人民共和国合伙企业法》

第二十三条 合伙人向合伙人以外的人转让其在合伙企业中的财产份额的，在同等条件下，其他合伙人有优先购买权；但是，合伙协议另有约定的除外。

147. 要想成为合伙企业新的合伙人，只需购买该企业的财产份额吗？

生活实例

董某、刘某、苏某是大学同学，三人毕业后共同成立了一家普通合伙企业。在经营过程中，苏某因故要回老家，在其他二人一致同意的情况下将自己在合伙企业中的财产份额转让给了三人的大学同学周某。那么，周某购买该财产份额后就是该合伙企业新的合伙人了吗？周某能和其他合伙人一样享受合伙协议约定的权利吗？

律师讲解

苏某与周某签订转让协议，并且刘某、董某与周某协商变更合伙协议后，周某才能成为合伙企业中的合法合伙人，享受合伙协议中的权利，履行合伙义务。根据《合伙企业法》第二十四条的规定，合伙人以外的人依法受让合伙人在合伙企业中的财产份额的，经修改合伙协议即成为合伙企业的合伙人，依照本法和修改后的合伙协议享有权利，履行义务。在本案中，周某作为合伙企业之外的人在其他合伙人一致同意的情况下受让苏某的合伙企业份额，签订转让协议，并与原有合伙人董某、刘某共同协商变更合伙协议后，其就按照合法程序变更为合伙企业合伙人，依法享受合伙协议权利，履行合伙协议义务。

法条链接

《中华人民共和国合伙企业法》

第二十四条　合伙人以外的人依法受让合伙人在合伙企业中的财产份额的，经修改合伙协议即成为合伙企业的合伙人，依照本法和修改后的合伙协议享有权利，履行义务。

148. 合伙人可以擅自质押合伙财产吗？

生活实例

赵某、孟某和程某共同成立了一家普通合伙企业经营食品加工。当时，赵某以其价值 20 万元的小型货车作为合伙出资。一年后，赵某因父亲病重急需用钱，从朋友李某处借款 15 万元，李某要求赵某提供担保，无奈之下，赵某未经其他合伙人同意，擅自将合伙出资的那辆货车质押给了李某，并签订了合同。后孟某无意中得知此事，与程某一同主张赵某的质押行为无效。请问，合伙人擅自质押合伙财产的，其质押行为有效吗？

律师讲解

赵某作为普通合伙企业的合伙人，擅自出质合伙企业财产份额的行为无效。根据《合伙企业法》第二十五条的规定，合伙人以其在合伙企业中的财产份额出质的，未经其他合伙人一致同意，其行为无效。在本案中，赵某是以实物汽车出资，该汽车是合伙企业的财产，赵某未经其他合伙人同意将该汽车出质给李某，严重影响了合伙企业财产的统一管理和使用，侵犯了其他合伙人的财产权益，因此赵某出质汽车的行为无效。而李某因其对汽车的权属问题并不知情，属于善意第三人，因此造成的损失应由赵某承担。

法条链接

《中华人民共和国合伙企业法》

第二十五条 合伙人以其在合伙企业中的财产份额出质的，须经其他合伙人一致同意；未经其他合伙人一致同意，其行为无效，由此给善意第三人造成损失的，由行为人依法承担赔偿责任。

149. 因重大过失造成合伙企业债务的，是否所有合伙人均应承担无限连带责任?

生活实例

孙某、陈某和卢某分别出资 10 万元、15 万元、15 万元，共同成立了一家普通合伙企业，合伙协议中约定，合伙人因故意或者重大过失造成合伙企业损失的，由责任人独自承担损失赔偿责任，其他合伙人概不负责。后来，在经营过程中，孙某因重大过失造成了该企业的老客户青青公司 80 万元的损失，经双方协商，青青公司向该企业索赔 50 万元人民币。请问，该损失应如何赔偿呢?

律师讲解

根据《合伙企业法》第五十七条规定，一个或者数个合伙人在执业活动中因故意或者重大过失造成合伙企业债务的，应当承担无限责任或者无限连带责任，其他合伙人以其在合伙企业中的财产份额为限承担责任。《合伙企业法》第五十八条规定合伙人执业活动中因故意或者重大过失造成的合伙企业债务，以合伙企业财产对外承担责任后，该合伙人应当按照合伙协议的约定对给合伙企业造成的损失承担赔偿责任。在本案中，孙某因重大过失给客户青青公司造成了 80 万元的损失，青青公司索赔 50 万元，对于该损失赔偿应首先由该企业以合伙财产 40 万元进行偿还，剩余的 10 万元，由孙某承担无限责任。同时，陈某和卢某对此不承担责任，而孙某还应当按照合伙协议赔偿合伙企业的损失。

法条链接

《中华人民共和国合伙企业法》

第五十七条　一个合伙人或者数个合伙人在执业活动中因故意或者重大过失造成合伙企业债务的，应当承担无限责任或者无限连带责任，其他合伙人以其在合伙企业中的财产份额为限承担责任。

合伙人在执业活动中非因故意或者重大过失造成的合伙企业债务以及合伙企业的其他债务，由全体合伙人承担无限连带责任。

第五十八条 合伙人执业活动中因故意或者重大过失造成的合伙企业债务，以合伙企业财产对外承担责任后，该合伙人应当按照合伙协议的约定对给合伙企业造成的损失承担赔偿责任。

150. 有限合伙人可以以劳务出资吗？

生活实例

李某、吴某与郝某到南方考察后，决定成立一家有限合伙企业养殖观赏鱼。李某与吴某分别出资20万元，郝某提出其以价值30万元的厂房出资，同时提出其有养殖经验，希望以自己的劳务作为出资。吴某没有异议，但李某认为郝某是有限合伙人，其并不参与经营，无法以其养殖经验出资。请问，李某的异议成立吗？有限合伙人的出资形式有法律限制吗？

律师讲解

根据《合伙企业法》第六十四条规定，有限合伙人可以用实物作价出资，不得以劳务出资。本案中郝某可以以其价值30万元的厂房出资，这是法律允许的出资方式，但是其不能以劳务作为出资。有限合伙人仅以其出资额为限对合伙企业债务承担责任，其地位类似于公司股东，有限合伙人进行出资后，其财产所有权归属为合伙企业，劳务是无法转移支配权的，而且有限合伙人一般只进行投资，不执行合伙事务，不参加企业的经营管理。本案中郝某称其有多年的养殖经验，希望以此劳务作为出资，这势必会介入合伙事务中，有悖于其作为有限合伙人的法律地位，因此，郝某不能以劳务出资，李某的异议是成立的。

法条链接

《中华人民共和国合伙企业法》

第六十四条　有限合伙人可以用货币、实物、知识产权、土地使用权或者其他财产权利作价出资。

有限合伙人不得以劳务出资。

二十七、有限责任公司

151. 应由谁来承担有限公司的“有限责任”？

生活实例

陈某年轻时在南方打工，积累了一部分资金后准备回老家开办一家企业。陈某回家后听说自己的朋友宋某也想办企业，于是二人打算合资成立一家副食品加工有限责任公司。但是二人对所谓的“有限责任公司”并不太了解，想知道有限公司的“有限责任”是什么意思，他们二人应当如何承担责任。那么，应由谁来承担有限公司的“有限责任”？

律师讲解

公司股东对外承担“有限责任”。目前我国的公司类型分为“有限责任公司”和“股份有限公司”两种。关于有限责任公司责任承担方面，我国《公司法》第三条已作出了明确的规定，有限责任公司的股东以其认缴的出资额为限对公司承担责任；股份有限公司的股东以其认购的股份为限对公司承担责任。有限责任公司的法律特征，一是有限责任公司是企业法人的一种；二是股东人数是有严格限制的，一般为50人以下；三是股东之间具有一定程度的信任感，在股份转让时受限较多；四是成立条件和程序相对股份有限公司而言较为简单和灵活。据此可知，陈某和宋某如果成立有限责任公司，则各投资人在投资范围内对公司承担有限责任，公司则以公司全部资产对外承担无限责任。

法条链接

《中华人民共和国公司法》

第三条 公司是企业法人，有独立的法人财产，享有法人财产权。公司以其全部财产对公司的债务承担责任。

有限责任公司的股东以其认缴的出资额为限对公司承担责任；股份有限公司的股东以其认购的股份为限对公司承担责任。

152. 股东以全新的汽车出资，其他股东可以故意压低该车的评估价格吗?

生活实例

程某、刘某和杨某准备成立一家广告设计有限公司，三人原计划每人出资 30 万元，但实际出资时，程某提出由于其刚买了一辆新车，手头资金有限，仅有 10 万元现金，而自己新车价值 20 万元，总计还是 30 万元，以此出资，公司成立后，该车用于公司经营。刘某认为，汽车是程某的，日常中肯定程某用起来方便，所以得折合一定的损失，于是与杨某商议，要压低该车的评估价格。请问，以全新的汽车出资，其他股东却故意压低该车的评估价格，这种做法合理吗?

律师讲解

股东以物品作为出资的，其他股东对物品的估价应该是公平的，以市场实际价格为准。根据《公司法》第二十七条的规定，股东可以用货币出资，也可以用实物、知识产权、土地使用权等可以用货币估价并可以依法转让的非货币财产作价出资；但是，法律、行政法规规定不得作为出资的财产除外。对作为出资的非货币财产应当评估作价，核实财产，不得高估或者低估作价。法律、行政法规对评估作价有规定的，从其规定。本案中，程某的新车根据市场估价是值20万的，但是刘某和杨某仅认为程某会使用该车就想降低该车的实际估价，使该车价格低于市场估价，这么做是不合法的。刘某和杨某不能根据自己的意志决定该车的实际价值，不能故意压低价格。

法条链接

《中华人民共和国公司法》

第二十七条　股东可以用货币出资，也可以用实物、知识产权、土地使用权等可以用货币估价并可以依法转让的非货币财产作价出资；但是，法律、行政法规规定不得作为出资的财产除外。

对作为出资的非货币财产应当评估作价，核实财产，不得高估或者低估作价。法律、行政法规对评估作价有规定的，从其规定。

153. 发起人在公司设立过程中签订合同的，合同责任应如何承担？

生活实例

郝某、马某和张某准备共同出资设立一家外贸有限公司。在公司筹建的过程中，张某通过熟人关系接到了一单生意，三人认为这是公司发展的一个大好时机，因此就以筹建中的公司名义与对方签订了合同。然而，在履行合同的过程中，该公司没有按时完成订货量，对方要求公司承担违约责任。但是，该公司此时仍没有登记成立，那么，发起人需要承担责任吗？

律师讲解

发起人以设立中的公司签订合同，合同对方当事人不可以直接要求发起人承担合同责任。《最高人民法院关于适用〈中华人民共和国公司法〉若干问题的规定（三）》第三条第一款规定：“发起人以设立中公司名义对外签订合同，公司成立后合同相对人请求公司承担合同责任的，人民法院应予支持。”其中“设立中公司”是指从公司开始设立至公司登记的这段时间，发起人在这期间以公司名义签订的合同，推定为是设立中公司进行的行为。由此，发起人以设立中的公司名义签订合同，合同对方当事人可以要求公司承担合同责任。同时该条第二款规定了例外情况：“公司成立后有证据证明发起人利用设立中公司的名义为自己的利益与相对人签订合同，公司以此为由主张不承担合同责任的，人民法院应予支持，但相对人为善意的除外。”

法条链接

《最高人民法院关于适用〈中华人民共和国公司法〉若干问题的规定（三）》

第三条 发起人以设立中公司名义对外签订合同，公司成立后合同相对人请求公司承担合同责任的，人民法院应予支持。

公司成立后有证据证明发起人利用设立中公司的名义为自己的利益与相对人签订合同，公司以此为由主张不承担合同责任的，人民法院应予支持，但相对人为善意的除外。

154. 小规模的公司是否有必要设立董事会？

生活实例

齐某、王某和林某合资设立了一家印刷公司，注册资金只有25万元，公司也只雇用了5个职员，是一个规模非常小的有限责任公司。齐某之前在外地一家大型企业工作过，听说公司都得有董事会、监事会，就建议其他二人在该公司设立董事会和监事会，但是王某和林某都认为公司太小，没有必要设立。请问，小规模的公司还用设立董事会吗？

律师讲解

小公司如果设置董事会、监事会，会造成人力资源浪费，同时也会令大家工作分心，但是小公司也并不是连董事、监事都不设置，根据我国《公司法》第五十条的规定，股东人数较少或者规模较小的有限责任公司，可以设一名执行董事，不设立董事会。执行董事可以兼任公司经理。理论上来说执行董事，也称积极董事，负有积极的履行董事会职能责任或指定的职能责任。公司经理可以兼任执行董事。执行董事的职权，应当参照公司法中关于董事会的规定，由公司章程规定。有限责任公司不设董事会的，执行董事为公司的法定代表人。

法条链接

《中华人民共和国公司法》

第四十条第二款 有限责任公司不设董事会的，股东会会议由执行董事召集和主持。

第五十条 股东人数较少或者规模较小的有限责任公司，可以设一名执行董事，不设董事会。执行董事可以兼任公司经理。

执行董事的职权由公司章程规定。

155. 公司成立后，发起人如何应对实物财产低于公司章程规定的价额的问题？

生活实例

陈某和苏某准备合资成立一家服装销售有限公司，原计划出资共 80 万元，二人各承担一半。后来，苏某提出自己刚买了一处门面房，资金有限，希望将门面房作价出资。苏某称自己买房花了 30 万元，陈某感觉差不多是这个价位，没有经过核实便在公司章程中将房屋定价为 30 万元。公司成立后不久，陈某偶然得知该门面房仅值 25 万元，低于章程规定的价格。那么，新成立的公司，如果实物财产低于公司章程规定的价额，发起人应该怎么办？

律师讲解

成立有限责任公司，股东可以用实物、知识产权、土地使用权等可以用货币估价并可以依法转让的非货币财产作价出资，对非货币财产的估价应该是以市场价为准，不能高估或低估。根据《公司法》第三十条的规定，有限责任公司成立后，发现作为设立公司出资的非货币财产的实际价额显著低于公司章程所定价额的，应当由交付该出资的股东补足其差额；公司设立时的其他股东承担连带责任。本案中，苏某以门面房作为出资，对其价值的评估并没有经过专业人员的核实和评估，只是双方达成一致。成立公司后陈某得知该房屋的实际价值低于公司章程规定的价额，那么，苏某应补齐五万元的差额，同时，陈某是公司设立时的股东，对此应承担连带责任。

法条链接

《中华人民共和国公司法》

第三十条 有限责任公司成立后，发现作为设立公司出资的非货币财产的实际价额显著低于公司章程所定价额的，应当由交付该出资的股东补足其差额；公司设立时的其他股东承担连带责任。

156. 当公司资不抵债时，是否可以申请破产?

生活实例

明达公司成立之初，经营运转良好，在当地知名度也非常高。年初，公司高层因决策失误，造成几个老客户重大损失，赔偿了几百万元，后来公司开始停产，资产状况不断恶化。股东王某建议公司申请破产以解决公司资不抵债的困境。请问，当公司出现资不抵债时，能申请破产吗?

律师讲解

所谓资不抵债，是指企业的全部债务超过其资产总值，以致不足以清偿债务的状况。我国《公司法》第一百八十二条规定：“公司经营管理发生严重困难，继续存续会使股东利益受到重大损失，通过其他途径不能解决的，持有公司全部股东表决权百分之十以上的股东，可以请求人民法院解散公司。”我国《企业破产法》第二条第一款和第七条第一款对此进一步规定：企业法人不能清偿到期债务，并且资产不足以清偿全部债务或者明显缺乏清偿能力的，依照本法规定清理债务。债务人有本法第二条规定的情形，可以向人民法院提出重整、和解或者破产清算申请。也就是说，我国尚未将出现资不抵债的情形单独作为申请破产的条件，只有公司同时满足不能清偿到期债务这一条件，才能申请破产。根据特别法优于一般法的原则，案例中的企业没有出现不能清偿到期债务这一情况，就不能单独以资不抵债为由申请破产。

法条链接

《中华人民共和国公司法》

第一百八十二条　公司经营管理发生严重困难，继续存续会使股东利益受到重大损失，通过其他途径不能解决的，持有公司全部股东表决权百分之十以上的股东，可以请求人民法院解散公司。

《中华人民共和国企业破产法》

第二条第一款　企业法人不能清偿到期债务，并且资产不足以清偿全部债务或者明显缺乏清偿能力的，依照本法规定清理债务。

第七条第一款　债务人有本法第二条规定的情形，可以向人民法院提出重整、和解或者破产清算申请。

二十八、个人独资企业

157. 个人独资企业的投资人可以是国家公务员吗?

生活实例

刘某和妻子大学毕业后，都考上了北京的公务员。两人有了北京户口，就想着在北京贷款买套房子，好有个安定的家。可是，在北京收入多，花销也大，除去房租和各种费用后，也剩不下多少钱。为摆脱这种困境，刘某和妻子商量后，决定借钱成立一家服装商贸公司。但是，在登记注册时，市场监督管理局因为刘某的公务员身份拒绝为其注册。那么，国家公务员可以投资个人独资企业吗?

律师讲解

根据《个人独资企业法》第十六条的规定，法律、行政法规禁止从事营利性活动的人，不得作为投资人申请设立个人独资企业。因此，作为个人独资企业的投资人不能是法律、行政法规禁止从事经营性活动的人。而依据我国公务员法的有关规定，国家行政机关工作人员禁止从商。公务人员一律不准个人独资或与他人合资、合股、合伙经商办企业。本案中，刘某作为北京的公务员明显属于法律、行政法规禁止从事经营性活动的人，不能作为个人独资企业的投资人。再进一步说，国家公务员不可以作为个人独资企业的投资人。

法条链接

《中华人民共和国个人独资企业法》

第十六条　法律、行政法规禁止从事营利性活动的人，不得作为投资人申请设立个人独资企业。

158. 投资人意外死亡且没有继承人的，个人独资企业是否应解散?

生活实例

肖某从某商贸大学毕业后，孤身来到深圳打拼。几经沉浮，肖某注册成立了一家个人独资的化妆品厂。因企业的产品深受顾客喜欢，利润颇丰。可天有不测风云，肖某出差去机场的路上和一辆大卡车相撞，当场死亡。肖某父母去世得早，和妻子离婚后尚未结婚，没有孩子，也没有兄弟姐妹，孑然一身。那么，在肖某发生交通事故意外死亡，又没有继承人的情况下，他的化妆品厂应该解散吗?

律师讲解

根据《个人独资企业法》第二十六条第二项的规定，个人独资企业在出现投资人死亡或者被宣告死亡，无继承人或者继承人决定放弃继承的情况下，应该解散。因此，没有继承人的个人独资企业，应该解散。本案中，肖某发生交通事故意外死亡时，他既没有法定继承人，也没有留下遗嘱继承人。在这种情况下，显然符合个人独资企业没有继承人的条件，应该解散。

法条链接

《中华人民共和国个人独资企业法》

第二十六条 个人独资企业有下列情形之一时，应当解散：

（一）投资人决定解散；

（二）投资人死亡或者被宣告死亡，无继承人或者继承人决定放弃继承；

（三）被依法吊销营业执照；

（四）法律、行政法规规定的其他情形。

159. 个人独资企业存续期间的债务，是否应由原投资人承担？

生活实例

李某投资成立了一家水泵厂，系个人独资企业。企业经营期间，经常向某零件加工公司订购生产水泵的配件，欠下了27万元的债务。后双方达成还款协议，约定水泵厂应于2020年8月还清所有欠款及利息。可是，因水泵厂经营不善，长期亏损，李某已于2020年1月依法将其注销。之后，零件加工公司请求李某偿还欠款，李某以企业已经注销为由，拒绝偿还。那么，李某需要承担个人独资企业存续期间的债务吗？

律师讲解

根据《个人独资企业法》第二十八条的规定，个人独资企业解散后，原投资人对个人独资企业存续期间的债务仍应承担偿还责任，但债权人在五年内未向债务人提出偿债请求的，该责任消灭。本案中，零件加工公司请求支付的赔偿是在该个人独资企业存续期间产生的，虽然该独资企业注销了，但是其出资人李某仍负有偿还责任。李某拒绝支付赔偿的行为是违反法律规定的。零件加工公司可以通过法律途径维护自己的合法权益。因此，如果个人独资企业没有了，原投资人还需要承担企业债务。而且，当个人独资企业财产不足以清偿债务时，投资人还应当以其个人的其他财产予以清偿。值得注意的是，债权人必须在五年内向原投资人提出偿债请求，否则原投资人的偿还责任消灭。

法条链接

《中华人民共和国个人独资企业法》

第二十八条 个人独资企业解散后，原投资人对个人独资企业存续期间的债务仍应承担偿还责任，但债权人在五年内未向债务人提出偿债请求的，该责任消灭。

第三十一条 个人独资企业财产不足以清偿债务的，投资人应当以其个人的其他财产予以清偿。

160. 清算期间，投资人为逃避债务而转移财产的行为合法吗？

生活实例

张某大学毕业后，在市场监督管理局注册了一家主营信息咨询的个人独资企业。企业成立初期，行业形势良好，收入可观。后因张某缺乏管理经验，经营不善，导致该个人独资企业负债15万元。无奈之下，张某决定自行解散企业，提交了清算申请。经过清算，企业的财产不足以清偿债务。张某为了逃避债务，准备将公司的办公设施全部转移。那么，清算期间，投资人可否为逃避债务而转移财产？

律师讲解

根据《个人独资企业法》第三十条的规定，清算期间，个人独资企业不得开展与清算目的无关的经营活动。在按前条规定清偿债务前，投资人不得转移、隐匿财产。因此，投资人在清算期间不得以任何理由转移、藏匿财产。同时根据该法第四十二条的规定，个人独资企业及其投资人在清算前或清算期间隐匿或转移财产，逃避债务的，依法追回其财产，并按照有关规定予以处罚；构成犯罪的，依法追究刑事责任。本案中，张某出于逃避债务的目的，打算将企业财产转移。这是个人独资企业投资人逃避债务的一种方法，必然会损害债权人的利益。如果张某转移财产成功，不仅要被依法追回财产，还要被处罚，情节严重的还可能构成犯罪，被追究刑事责任。

法条链接

《中华人民共和国个人独资企业法》

第三十条 清算期间，个人独资企业不得开展与清算目的无关的经营活动。在按前条规定清偿债务前，投资人不得转移、隐匿财产。

第四十二条 个人独资企业及其投资人在清算前或清算期间隐匿或转移财产，逃避债务的，依法追回其财产，并按照有关规定予以处罚；构成犯罪的，依法追究刑事责任。

二十九、商务合同知识

161. 在已经开始履行的合同中，货物的价格与要约内容不一致的，应该如何处理?

生活实例

张某开了一家小型餐馆，由于饭菜可口，小店生意兴隆，每天都要进购新鲜的食材。某天，张某打电话订购牛肉一百斤。老板称牛肉涨价了，比平时高一块钱，现在售价三十五元。张某称自己是长期的老客户，老板应该优惠点儿，如果按三十四元出售就送来一百斤。老板觉得按原来售价不挣钱，就按三十四元五角给张某发了一百斤，并打电话告知其价格，让张某到时候收货。张某认为，老板的售价并没有征得自己同意，不符合要约内容，尽管已经发货但还是不接受，张某打算撤销合同。那么，货物已发出但价格与要约内容不一致的，应该如何处理?

律师讲解

合同的标的、数量、质量、价款等是合同的基础，如果对这些项目进行了变更，其实也就是对合同进行变更。根据《民法典》第四百八十八条的规定，承诺的内容应当与要约的内容一致。受要约人对要约的内容作出实质性变更的，为新要约。有关合同标的、数量、质量、价款或者报酬、履行期限、履行地点和方式、违约责任和解决争议方法等的变更，是对要约内容的实质性变更。老板对合同中每斤牛肉的价格从对方认定的三十四元变更为三十四元五角，是对要约的实质性变更，其所作的承诺为新要约。至于其主动送一百斤牛肉让张某收货的行为，是其自己的行为，与张某没有关系。该买卖合同不具备要约与承诺的主体条件，没有有效成立，张某不存在撤销合同的前提。张某可以以牛肉价格与要约内容不一致为依据，主张合同不成立，不接受这一百斤牛肉。

法条链接

《中华人民共和国民法典》

第四百八十八条　承诺的内容应当与要约的内容一致。受要约人对要约的内容作出实质性变更的，为新要约。有关合同标的、数量、质量、价款或者报酬、履行期限、履行地点和方式、违约责任和解决争议方法等的变更，是对要约内容的实质性变更。

第四百八十九条　承诺对要约的内容作出非实质性变更的，除要约人及时表示反对或者要约表明承诺不得对要约的内容作出任何变更外，该承诺有效，合同的内容以承诺的内容为准。

162. 假意订立合同给对方造成损失的，应该如何处理？

生活实例

李某的广告公司经营得红红火火，规模越做越大。但是，李某弟弟的广告公司因为投资少，经营项目有限。两个月前，入驻该市的大型商场打算在该市做广告宣传扩大影响力，增加消费人群。李某想凭借自己的公司实力为其弟弟的公司拿下此项目。李某按照该商场的要求让其弟弟的公司做广告方案，但是经过几次修改始终没有让该商场满意。李某一直跟该商场磋商，延长时间。后来，该商场得知广告创意根本不是李某的公司团队做的，而是其弟公司所为，于是，该商场以李某故意拖延谈判时间，耽误正常营业为由要求李某赔偿损失。那么，假意订立合同给对方造成损失的，应该如何处理？

律师讲解

李某公司与该商场之间并不存在合同关系。因李某为其弟弟的公司争取签约机会，假意与商场磋商，构成缔约过失责任。缔约过失责任产生于合同订立阶段，是基于订立合同中的过失而产生的，是违反先合同义务的结果。所谓先合同义务，是当事人为缔约而互相磋商时，基于诚实信用原则而发生的各种说明、告知、注意以及保护等义务。缔约过失责任是一种法定责任，当事人不能对其加以约定。该责任要求违反先合同义务的缔约人有过错，且违反先合同义务的行为与损失之间具有因果关系。缔约过失责任的赔偿方式只限于赔偿责任，不包括其他责任形式，赔偿范围为信赖利益的损失，赔偿范围没有限制性。李某假借订立合同，恶意进行磋商，给该商场造成损失，依照《民法典》第五百条的规定，应当承担损害赔偿责任，即承担缔约过失责任，赔偿对方经济损失。

法条链接

《中华人民共和国民法典》

第五百条 当事人在订立合同过程中有下列情形之一，造成对方损失的，应当承担赔偿责任：

（一）假借订立合同，恶意进行磋商；

（二）故意隐瞒与订立合同有关的重要事实或者提供虚假情况；

（三）有其他违背诚信原则的行为。

163. 在合同成立之前，可以泄露已获知的商业机密吗？

生活实例

两周前，王某到某生物科技公司应聘做高管。由于王某在业内实力强大，拥有丰富的专业能力和广泛的人脉，所以该公司想留住王某。在应聘过程中，王某始终处于主动地位，该公司老总也无意间透露了公司的核心技术，以示自己的诚意。后来，王某因对该公司提供的待遇不满意，决定不与该公司签订劳动合同。对于该公司的核心技术，王某认为知识是可以共享的，不存在机密，所以可以用到自己以后的工作中。那么，在劳动合同成立之前，王某可以泄露已获知的商业机密吗？

律师讲解

商业秘密，是指不为公众所知悉，能为权利人带来经济利益，具有实用性并经权利人采取保密措施的技术信息和经营信息。如管理方法、产销策略、客户名单、货源情报等经营信息；生产配方、工艺流程、技术诀窍、设计图纸等技术信息。商业秘密关乎企业的竞争力，对企业的发展至关重要，有的甚至直接影响到企业的生存。王某作为高端人才，该公司在招聘过程中已经将核心技术透露给了王某，王某对此有了了解和知悉。《民法典》第五百零一条规定："当事人在订立合同过程中知悉的商业秘密或者其他应当保密的信息，无论合同是否成立，不得泄露或者不正当地使用；泄露、不正当地使用该商业秘密或者信息，造成对方损失的，应当承担赔偿责任。"王某与该公司就薪资待遇没协商好，其合同不能成立，但并不意味着他就可以任意泄露或使用他所知悉的该公司的秘密。如果王某泄露或不正当地使用了该商业秘密，给该公司造成损失的，王某应当承担损害赔偿责任。

法条链接

《中华人民共和国民法典》

第五百零一条　当事人在订立合同过程中知悉的商业秘密或者其他应当保密的信息，无论合同是否成立，不得泄露或者不正当地使用；泄露、不正当地使用该商业秘密或者信息，造成对方损失的，应当承担赔偿责任。

164. 合同中未明确约定履行时间的，债务人可否随时履行？

生活实例

王某开了一家烧饼店。经过初期的试营业，王某的烧饼大受欢迎，两个月以来，烧饼店的经营已经规律化了，每天大概需要 5 袋白面。之后，王某跟粮油店的张某签订了半年的合同，每月分三次送面粉 150 袋。上周，张某粮油店库存爆满，就将一整月的面粉都在月初送到了王某店里。王某以店内空间小拒绝收货，提出按照交易习惯送货。那么，合同中未明确约定履行时间的，债务人可否随时履行？

律师讲解

根据合同履行的诚实信用原则以及交易习惯原则，本案王某的主张能够得到法院的支持。根据我国《民法典》第五百一十条、第五百一十一条的规定，合同生效后，双方就质量、价款或者报酬、履行地点等内容没有约定或者约定不明的，可以补充协议；不能达成补充协议的，按照合同有关条款或者交易习惯确定。本案中，双方对合同履行的具体时间没有约定，可以就此签订补充协议；没有达成补充协议，应该按照双方以往共同遵循的交易习惯来确定交货的时间，而不应随时交货。

法条链接

《中华人民共和国民法典》

第五百一十条 合同生效后，当事人就质量、价款或者报酬、履行地点等内容没有约定或者约定不明确的，可以协议补充；不能达成补充协议的，按照合同相关条款或者交易习惯确定。

第五百一十一条 当事人就有关合同内容约定不明确，依据前条规定仍不能确定的，适用下列规定：

……

（四）履行期限不明确的，债务人可以随时履行，债权人也可以随时请求履行，但是应当给对方必要的准备时间。

（五）履行方式不明确的，按照有利于实现合同目的的方式履行。

……

165. 因自然灾害导致不能按时发货的，供货方可以要求变更或解除合同吗？

生活实例

某鞋店和鞋厂签订了进购1000双帆布鞋的合同，合同约定半个月内完成交易。但是，合同签订后第二天，鞋厂所在地区突降大雨，大水灌进了仓库，导致鞋厂所有货物被淹，无法再继续供货。鞋厂主动找到鞋店说明情况，希望鞋店能够理解，并取消双方合同。鞋店坚持要求履行合同，并将鞋厂起诉到法院。那么，鞋厂的请求能得到法院的支持吗？

律师讲解

鞋厂的请求可以得到法院的支持。情势变更原则，是指合同有效成立后，因不可归责于双方当事人的事由发生重大变化而使合同的基础动摇或者丧失，若继续维持合同会显失公平，因此允许变更合同内容或解除合同的原则。本案中双方当事人签订购销合同后，在履行合同的过程中，由于自然不可抗拒的力量导致仓库货物被淹，从而不能正常履行合同义务，这种情势是鞋厂不可预见、不可避免、不能克服的。如按原合同执行，对鞋厂来说，显失公平。根据我国《民法典》第五百三十三条的规定，合同成立之后，合同的基础条件发生了当事人在订立合同时无法预见的、不属于商业风险的重大变化，继续履行合同对于当事人一方明显不公平的，受不利影响的当事人可以与对方重新协商。在合理期限内无法协商一致的，当事人可以请求人民法院或者仲裁机构变更或者解除合同。人民法院或者仲裁机构将结合案件的实际情况，根据公平原则变更或者解除合同。本案中，如继续履行合同，将会使鞋厂遭受极大的损失，故鞋厂请求变更或解除合同的请求能够得到法院的支持。

法条链接

《中华人民共和国民法典》

第五百三十三条 合同成立后，合同的基础条件发生了当事人在订立合同时无法预见的、不属于商业风险的重大变化，继续履行合同对于当事人一方明显不公平的，受不利影响的当事人可以与对方重新协商；在合理期限内协商不成的，当事人可以请求人民法院或者仲裁机构变更或者解除合同。

人民法院或者仲裁机构应当结合案件的实际情况，根据公平原则变更或者解除合同。

166. 当事人双方均违反合同时，违约责任应如何承担？

生活实例

某石料厂与某水泥厂签订协议，约定该石料厂自合同成立之日起三个月内向该水泥厂提供石料1000吨，水泥厂在石料厂交货时支付货款。但是，合同签订后不久，该石料厂因为开采机器故障没有开采足够的石料，导致不能按期足额提供石料；水泥厂因为效益不好，也没有凑齐全额货款。双方都有违约的行为，约定都不追究责任，延期半个月交货付款。那么，当事人双方都违反合同的，如何承担责任？

律师讲解

合同是合同双方在协商一致的前提下签订的，对合同双方都有约束力，双方都要按合同办事，履行合同。石料厂与水泥厂签订交货协议后，石料厂没有按期交货，水泥厂也没有为其筹集到全额货款，双方都存在违约行为。我国《民法典》第五百九十二条第一款规定："当事人都违反合同的，应当各自承担相应的责任。"因为双方都违反了合同，石料厂和水泥厂都要承担违约责任。因合同的不履行并没有产生实际经济损失，双方约定都不追究责任，重新约定交货付款日期，是合理且可行的。

法条链接

《中华人民共和国民法典》

第五百九十二条第一款　当事人都违反合同的，应当各自承担相应的责任。

167. 卖方发货前明知货物存在质量问题但未告知，买方在收货时发现了，该怎么办?

生活实例

某酒类超市与某酒厂签订了一份购酒合同。双方约定由酒厂卖给超市某品牌白酒100箱，由酒厂办理托运事项。酒厂明知该品牌酒库存不足，有5箱酒存在酒瓶裂纹的问题（酒在平放的情况下不会出现渗漏），仍将5箱酒也托运了。超市在验货时，发现这5箱酒已经漏酒严重，影响销售。那么，卖方发货前知道货物存在质量问题没有告知买方，买方收货时发现质量不合格的物品该如何处理?

律师讲解

这5箱酒的损失应该由卖方酒厂承担。根据《最高人民法院关于审理买卖合同纠纷案件适用法律问题的解释》第十条的规定："出卖人出卖交由承运人运输的在途标的物，在合同成立时知道或者应当知道标的物已经毁损、灭失却未告知买受人，买受人主张出卖人负担标的物毁损、灭失的风险的，人民法院应予支持。"也就是说，本案中所交付的5箱酒存在漏酒现象，卖方应该告知买方，否则，就应该承担货物损失的风险。卖方不能将这一风险转嫁给承运方，更不可能让买方承担。

法条链接

《最高人民法院关于审理买卖合同纠纷案件适用法律问题的解释》

第十条 出卖人出卖交由承运人运输的在途标的物，在合同成立时知道或者应当知道标的物已经毁损、灭失却未告知买受人，买受人主张出卖人负担标的物毁损、灭失的风险的，人民法院应予支持。

第七章　财产保护法律常识

三十、物权与所有权

168. 谁为房屋的错误登记来买单?

生活实例

张小姐买了王名位于昌平区府学路的一套两室一厅的住房，并到房产部门办理了房产登记，取得了房产证。张小姐刚入住不到半个月，就有个人来收房屋租金，并自称是“房主王名”，张小姐大吃一惊。后经调查和鉴定，来收租的王名才是真正的房主王名，假王名是该房的承租人，将真王名的房产证偷了出来与张小姐进行房产交易。房产部门在登记的时候，没有核实假王名的身份证件，导致错误登记。那么，这套房子现在是谁的？谁应为这次的错误登记买单呢？

律师讲解

假王名不是房屋的所有权人，他的卖房行为是无权处分行为。根据《民法典》第三百一十一条的规定，无权处分人擅自处分他人不动产的，不动产所有权人有权追回。但是如果买主善意取得该不动产时，原不动产的所有人就不能追回该不动产。本案中，买主张小姐符合善意取得的条件：第一，张小姐不知道假王名无权处分该房产，张小姐是善意的；第二，张小姐已经就该不动产到房产部门进行了过户登记；第三，张小姐以合理的价格购买。因此，张小姐通过善意取得的方式取得了该房屋的所有权。而真王名依据《民法典》第二百二十二条的规定，既可以通过民事诉讼的方式请求假王名承担侵权责任，也可以向法院提起行政诉讼，请求房产登记部门承担行政责任。

法条链接

《中华人民共和国民法典》

第二百二十二条 当事人提供虚假材料申请登记，造成他人损害的，应当承担赔偿责任。

因登记错误，造成他人损害的，登记机构应当承担赔偿责任。登记机构赔偿后，可以向造成登记错误的人追偿。

第三百一十一条 无处分权人将不动产或者动产转让给受让人的，所有权人有权追回；除法律另有规定外，符合下列情形的，受让人取得该不动产或者动产的所有权：

（一）受让人受让该不动产或者动产时是善意；

（二）以合理的价格转让；

（三）转让的不动产或者动产依照法律规定应当登记的已经登记，不需要登记的已经交付给受让人。

受让人依据前款规定取得不动产或者动产的所有权的，原所有权人有权向无处分权人请求损害赔偿。

当事人善意取得其他物权的，参照适用前两款规定。

169. 继承来的房子，出卖的时候要注意什么？

生活实例

潘小小是潘某的独生女，潘某妻子早已过世。潘某去世后，留下一套价值20万元的房子，潘小小一直没有到房产部门办理继承过户。后来潘小小要卖父母留下的这套房子，与王某签订了房屋买卖合同。王某到房产部门进行过户登记时被拒绝，原因是潘小小没有对父母留下的房子继承过户，因此要求潘小小先进行继承登记。那么，潘小小从什么时候开始取得父母房屋的所有权？从父母那继承来的房子必须要登记后才能卖吗？

律师讲解

我国《民法典》第二百三十条明确规定，因继承取得物权的，自继承开始时发生效力。而根据该法第一千一百二十一条的规定，继承开始的时间就是被继承人死亡的时间，因此，潘小小在潘某死亡的时候就取得了潘某房产的所有权。既然潘小小取得了房屋的所有权，所有权人就有权对该房产行使占有、使用、收益和处分的权能，因此潘小小有权卖这个房子。但是《民法典》第二百三十二条规定，继承人在处分该物权时，依照法律规定需要办理登记的，未经登记，不发生物权效力。也就是说，潘小小虽然可以卖这个房子，但是，买受人却不能取得该房屋的所有权。为了保障买卖交易的正常进行，潘小小在卖房之前应该先继承过户。

法条链接

《中华人民共和国民法典》

第二百三十条 因继承取得物权的，自继承开始时发生效力。

第二百三十二条 处分依照本节规定享有的不动产物权，依照法律规定需要办理登记的，未经登记，不发生物权效力。

第一千一百二十一条第一款 继承从被继承人死亡时开始。

170. 登记在一人名下的共有房产，夫或妻一方能否单独出卖？

生活实例

彭某和周某是夫妻，共有一处房产无人居住，但是房产证上及房产局的登记簿上都只记载了彭某一个人的名字。现在彭某和周某闹离婚，一日，彭某背着周某将该房屋卖给了不知情的陶某，后陶某向彭某交付了房款，办理了过户登记。请问：周某该如何维护自己的权益呢？

律师讲解

本案涉及不动产的公示公信原则。物权的公示是指物权的享有与变动可取信于社会公众的外部表现形式。根据《民法典》第二百零八条的规定，不动产物权以登记为公示方式。物权的公信是指如果物权进行了合法的公示，即使公示出来的权利状态与实际的权利状态不同，对于信赖该公示而从事一定行为的人，法律对其行为进行保护。本案中的房产实际上是夫妻共有，但是只有彭某一人进行了登记，因此公示出来的权利状态是彭某一个人享有该房产的所有权。陶某由于信赖该房产公示出来的权利状态而与彭某进行交易，因此，根据《民法典》第三百一十一条的规定，陶某的行为受到法律的保护，陶某取得该房产的所有权。周某可以向彭某就其应得的房款主张不当得利返还请求权，以此来维护自己的权益。

法条链接

《中华人民共和国民法典》

第二百零八条 不动产物权的设立、变更、转让和消灭，应当依照法律规定登记。动产物权的设立和转让，应当依照法律规定交付。

第三百一十一条 无处分权人将不动产或者动产转让给受让人的，所有权人有权追回；除法律另有规定外，符合下列情形的，受让人取得该不动产或者动产的所有权：

（一）受让人受让该不动产或者动产时是善意；

（二）以合理的价格转让；

（三）转让的不动产或者动产依照法律规定应当登记的已经登记，不需要登记的已经交付给受让人。

受让人依据前款规定取得不动产或者动产的所有权的，原所有权人有权向无处分权人请求损害赔偿。

当事人善意取得其他物权的，参照适用前两款规定。

171. 共有人分得的财产有瑕疵，应当由谁承担财产损失？

生活实例

周某有三个儿子，周甲、周乙和周丙，周某的妻子早年过世，周某将三个儿子抚养长大。周某过世后，留下三间房子，没有留下遗嘱也没有其他继承人。于是三个儿子分割了周某的三间房子，一人一间。房子刚分割完后两天，周甲就发现其分得的一间房子开裂了，有倒塌的危险。周甲于是找人对房子进行了修理，花去修理费若干。那么，周甲可以请求周乙和周丙承担一部分修理费吗？

律师讲解

本案涉及共有财产的分割问题。根据《民法典》第三百零四条的规定，共有财产可以分割并且分割不减损其价值的可以进行实物分割。本案中周某死后留下三间房子，周某没有其他继承人也没有留下遗嘱，因此三个儿子可以共同继承这三间房子。在房子没有被分割以前，兄弟三人共同拥有房子的所有权，由于对房子分割不影响其价值，因此三人一人一间的分割方式是正确的。但是周甲分得的房屋却是一间有质量问题的房屋，该质量问题不是周甲造成的，而是房屋在分割前就存在的。关于这一问题，《民法典》第三百零四条同时明确规定，共有人分割所得的不动产或者动产有瑕疵的，其他共有人应当分担损失。因此本案中周甲可以请求周乙和周丙承担部分修理费。

法条链接

《中华人民共和国民法典》

第三百零四条　共有人可以协商确定分割方式。达不成协议，共有的不动产或者动产可以分割且不会因分割减损价值的，应当对实物予以分割；难以分割或者因分割会减损价值的，应当对折价或者拍卖、变卖取得的价款予以分割。

共有人分割所得的不动产或者动产有瑕疵的，其他共有人应当分担损失。

172. 拾得人丢失遗失物应当怎么办?

生活实例

张某将自己新买的一个LV的皮包遗失，心急如焚，立即发出悬赏广告，奖励拾到者1000元。王某拾到了张某的皮包，立即打车去找张某，由于王某的重大过失，导致皮包被车门挤出了褶子。后张某以此拒绝给付王某悬赏费以及王某的打车费。那么，张某有权拒绝悬赏费和打车费吗？皮包的损失由谁来承担？

律师讲解

本案涉及拾得遗失物的处理问题。根据《民法典》第三百一十四条、第三百一十七条的规定，拾得遗失物应该返还给失主，由此支出的费用由失主偿还。因此本案中，王某为返还皮包支付的打车费有权要求张某支付。拾得人不得向失主要求答谢费，但如果失主以悬赏广告的形式承诺给拾得人以奖励的，失主应该履行，因此本案中，张某应该支付王某1000元的悬赏费。另外《民法典》第三百一十六条规定了拾得人对遗失物的妥善管理义务，如果拾得人因故意或者重大过失致使遗失物毁损、灭失的，应当承担民事责任。所以本案皮包的损失应该由王某来承担。

法条链接

《中华人民共和国民法典》

第三百一十四条 拾得遗失物，应当返还权利人。拾得人应当及时通知权利人领取，或者送交公安等有关部门。

第三百一十六条 拾得人在遗失物送交有关部门前，有关部门在遗失物被领取前，应当妥善保管遗失物。因故意或者重大过失致使遗失物毁损、灭失的，应当承担民事责任。

第三百一十七条 权利人领取遗失物时，应当向拾得人或者有关部门支付保管遗失物等支出的必要费用。

权利人悬赏寻找遗失物的，领取遗失物时应当按照承诺履行义务。

拾得人侵占遗失物的，无权请求保管遗失物等支出的费用，也无权请求权利人按照承诺履行义务。

173. 在自家的老房子中发现埋藏的字画，谁是所有权人？

生活实例

林老汉在翻修自己家祖上留下来的房子时，发现一幅清代名人字画，画上有林老汉祖父对字画装裱的年代及笔记。林老汉非常高兴，将字画作为宝贝收藏起来。村委会知道后，认为发现的字画是埋藏物，应该归国家所有。经过鉴定，该字画不属于文物。那么，林老汉可以获得字画的所有权吗？

律师讲解

本案涉及的是埋藏物的归属问题。《民法典》第三百一十九条明确规定，对于发现的埋藏物，参照拾得遗失物的有关规定，应该将发现的埋藏物返还给所有权人，如果所有权人不明的，依据该法的第三百一十八条的规定，将依法归国家所有。另外，《文物保护法》第五条第一款规定，在我国领域内发现的一切文物都归国家所有。本案中，林老汉发现的字画，是埋藏物，经鉴定不是文物，应该按照《民法典》的上述规定来处理。字画上有林老汉的祖父装裱的年代及笔记，并且是在林老汉家的祖上留下的房子里发现的，由此可以推定字画归林老汉所有。

法条链接

《中华人民共和国民法典》

第三百一十八条　遗失物自发布招领公告之日起一年内无人认领的，归国家所有。

第三百一十九条　拾得漂流物、发现埋藏物或者隐藏物的，参照适用拾得遗失物的有关规定。法律另有规定的，依照其规定。

《中华人民共和国文物保护法》

第五条第一款 中华人民共和国境内地下、内水和领海中遗存的一切文物，属于国家所有。

174. 楼上邻居经常放音乐扰民应该怎么办？

生活实例

老潘刚做完手术，身体需要静养。住在他家楼上的是一对年轻夫妇，这对年轻夫妇经常在夜间的时候播放迪斯科音乐，声音很大，吵得老潘睡不着觉，老潘非常痛苦，手术后恢复得很慢。那么，老潘应该如何维护自己的合法权益呢？

律师讲解

房产纠纷诉讼中，相邻权走进了越来越多的人的视野。《民法典》第二百八十八条、第二百九十四条明确规定，不动产的相邻权利人应当按照有利生产、方便生活、团结互助、公平合理的原则，正确处理相邻关系，不得违反国家规定弃置固体废物，排放大气污染物、水污染物、土壤污染物、噪声、光辐射、电磁波辐射等有害物质。因此不动产的所有人不能认为只要是自己的地盘，就可以随意做主。相邻各方不得制造噪声等，妨害他人的生活，本案中楼上年轻夫妇的行为已经侵害了老潘作为相邻权人的合法权益，应该停止侵权。

法条链接

《中华人民共和国民法典》

第二百八十八条 不动产的相邻权利人应当按照有利生产、方便生活、团结互助、公平合理的原则，正确处理相邻关系。

第二百九十四条 不动产权利人不得违反国家规定弃置固体废物，排放大气污染物、水污染物、土壤污染物、噪声、光辐射、电磁辐射等有害物质。

三十一、著作权

175. 谁是影视作品上题字的著作权人？

生活实例

甲应邀为某电视剧组题写片名，当时双方未对该题字的著作权问题作任何约定。不久，甲将完成的作品交给该电视剧组，剧组也付给了甲报酬。后来，某出版社经剧组同意，拟出版与该电视剧同名的图书，便向该剧组要求使用该剧片名题字作为该书的封面，该剧组同意。出书前，该出版社未与甲取得联系。后来，甲以出版社侵犯其著作权为由提起诉讼，要求出版社停止侵权，公开道歉，并赔偿经济损失。出版社则称自己得到了电视剧组的合法授权，不构成侵权。请问，对于该题字的著作权应归谁呢？

律师讲解

该题字的著作权应归甲所有。我国《著作权法》[1]第十九条规定，受委托创作的作品，双方未约定著作权归属的，著作权属于受托人。该电视剧组托甲创作片名，但未对该作品的著作权进行约定，因此甲享有该作品的著作权。而剧组作为委托人，根据《最高人民法院关于审理著作权民事纠纷案件适用法律若干问题的解释》第十二条的规定，可以在双方约定的范围内使用该作品。所以，剧组只能将该作品作为片名在电视剧中使用，而剧组却将其授权给出版社使用，由于其不是该作品的著作权人，显然不具有授权的资格，所以出版社从电视剧组处获得的授权是无效的。出版社未经甲同意而使用其作品，侵犯了甲的著作权，依据《最高人民法院关于审理著作权民事纠纷案件适用法律若干问题的解释》第二十条第一款的规定，理应停止侵害，赔偿其损失。

---

1 本法根据2020年11月11日第十三届全国人民代表大会常务委员会第二十三次会议《关于修改〈中华人民共和国著作权法〉的决定》第三次修正，自2021年6月1日起施行。

法条链接

《中华人民共和国著作权法》

第十九条 受委托创作的作品，著作权的归属由委托人和受托人通过合同约定。合同未作明确约定或者没有订立合同的，著作权属于受托人。

《最高人民法院关于审理著作权民事纠纷案件适用法律若干问题的解释》

第十二条 按照著作权法第十七条[1]规定委托作品著作权属于受托人的情形，委托人在约定的使用范围内享有使用作品的权利；双方没有约定使用作品范围的，委托人可以在委托创作的特定目的范围内免费使用该作品。

第二十条第一款 出版物侵犯他人著作权的，出版者应当根据其过错、侵权程度及损害后果等承担赔偿损失的责任。

176. 两人以上合作的作品，著作权应归谁？

生活实例

几年前，甲、乙共同创作了歌曲《恋人》，甲为作曲人，乙为填词人。后来，甲无意间在朋友家听到一首名为《恋曲》的歌曲，与他所创作的《恋人》曲调完全一致，而盒带上却署名为甲作曲、乙填词。甲很生气，要求乙停止侵权并赔偿损失。乙称《恋人》属两人合作，而自己在《恋曲》中只改了自己填词的部分，这是法律允许的。那么，乙的理由成立吗？

律师讲解

乙的理由不成立。本案中甲、乙的作品属合作作品，并且是一种可分割的合作作品。我国《著作权法》第十四条规定，对于合作作品，合作者不仅对作品享有共同著作权，而且分别对自己创作的部分单独享有著作权。也就是说，

---

1 现为《著作权法》第十九条。

甲、乙分别对该作品自己创作的部分单独享有著作权。但是，法律同时规定在行使单独著作权时，不得侵犯合作作品整体的著作权。所以，乙在单独行使著作权时，不得侵犯与甲合作作品的整体著作权。乙在未经甲同意的情况下，擅自使用了合作作品，侵犯了甲的著作权，理应停止侵权行为，并赔偿甲的损失。

法条链接

《中华人民共和国著作权法》

第十四条第一款、第三款 两人以上合作创作的作品，著作权由合作作者共同享有。没有参加创作的人，不能成为合作作者。

合作作品可以分割使用的，作者对各自创作的部分可以单独享有著作权，但行使著作权时不得侵犯合作作品整体的著作权。

177. 作品所有权人有权处分作品的著作权吗？

生活实例

杜某经朋友介绍找李某求一幅书法字。李某看在朋友的面子上，立即给杜某写了一幅字："行万里路，读万卷书。"去年，在没有征得李某同意的情况下，杜某将此书法字提供给某出版单位，为一部书稿作插页，并得到3000元报酬。李某看到后很生气，要求出版社停止使用该作品。出版社认为自己是从杜某那获得了授权，未构成对李某的侵权。而杜某则认为该书法作品归自己所有，自己有权同意出版社使用并获得报酬。那么，杜某的说法是否成立？

律师讲解

未经李某同意，杜某无权将该书法作品授权给出版社使用并获得报酬。我国《著作权法》第二十条第一款规定，作品原件所有权的转移，不改变作品著作权的归属。也就是说，杜某只取得了该书法作品的所有权，并不享有与该著作权相关的其他权利。所以，杜某授权给出版社使用该书法作品侵犯了李某的权利。

法条链接

《中华人民共和国著作权法》

第二十条第一款 作品原件所有权的转移，不改变作品著作权的归属，但美术、摄影作品原件的展览权由原件所有人享有。

178. 单位是否可以擅自允许他人使用员工的职务作品？

生活实例

董某为某杂志社记者，曾受单位派遣采访写了一篇报道，但双方未就该报道的著作权归属有任何约定。一日，董某在书店发现A出版社出版的一本图书里采用了自己的那篇报道，遂以A出版社未经许可，亦未给自己署名，更未支付报酬为由要求A出版社承担侵权责任。而A出版社则辩称该报道是董某在职期间创作的，著作权应归杂志社，而自己使用那篇报道是经过了杂志社允许的，未侵犯董某的权利。那么，A出版社的说法能否得到法院支持？

律师讲解

A出版社的说法无法得到法院支持，该报道的著作权归董某所有。我国《著作权法》第十八条规定，自然人为完成法人或者非法人组织工作任务所创作的作品是职务作品。本案中董某受单位派遣编写的报道，显然属于职务作品。根据上述法律规定，职务作品的著作权由作者享有，但单位有权在其业务范围内优先使用。因此，该篇报道的著作权属董某所有，而杂志社仅享有该作品的优先使用权，无权许可他人使用。所以，A出版社在未征得董某同意的情况下使用其作品，侵犯了董某的权利，理应承担侵权责任。

法条链接

《中华人民共和国著作权法》

第十八条 自然人为完成法人或者非法人组织工作任务所创作的作品是职务作品，除本条第二款的规定以外，著作权由作者享有，但法人或者非法人组织有权在其业务范围内优先使用。作品完成两年内，未经单位同意，作者不得许可第三人以与单位使用的相同方式使用该作品。

有下列情形之一的职务作品，作者享有署名权，著作权的其他权利由法人或者其他组织享有，法人或者非法人组织可以给予作者奖励：

（一）主要是利用法人或者非法人组织的物质技术条件创作，并由法人或者非法人组织承担责任的工程设计图、产品设计图、地图、示意图、计算机软件等职务作品；

（二）报社、期刊社、通讯社、广播电台、电视台的工作人员创作的职务作品；

（三）法律、行政法规规定或者合同约定著作权由法人或者非法人组织享有的职务作品。

179. 法律上对著作权的保护期限是如何规定的?

生活实例

高某创作了一部作品——《爱在心头》，并于 2009 年在 A 出版社出版。2015 年高某去世，其子高鹏继承了父亲的所有遗产。前几天，高鹏在一次偶然中发现父亲的《爱在心头》被 B 出版社出版。高鹏遂以 B 出版社侵犯了自己的权利为由提起诉讼，请求法院判令 B 出版社停止侵权行为，并赔偿自己的损失。而 B 出版社则以《爱在心头》已过保护期为由拒绝承担任何责任。那么，本案中的作品是否如 B 出版社所说已过保护期呢?

律师讲解

B出版社侵犯了高某的权利。我国《著作权法》第二十三条第一款规定，公民的作品，其发表权的保护期为作者终生及其死亡后五十年，截止于作者死亡后第五十年的12月31日。本案中的涉案作品《爱在心头》于2009年发表，而高某于2015年去世，那么，根据法律规定该作品的保护期应在高某生前及其死亡后的五十年（即2065年的12月31日）。所以，B出版社未经高某的继承人高鹏的允许而使用其作品，已经构成了侵权，理应停止侵害并赔偿其损失。

法条链接

《中华人民共和国著作权法》

第二十二条 作者的署名权、修改权、保护作品完整权的保护期不受限制。

第二十三条第一款 自然人的作品，其发表权、本法第十条第一款第五项至第十七项规定的权利的保护期为作者终生及其死亡后五十年，截止于作者死亡后第五十年的12月31日；如果是合作作品，截止于最后死亡的作者死亡后第五十年的12月31日。

三十二、专利权

180. 产品在被授予专利权后，是否还可以宣告其专利无效？

生活实例

甲公司开发了一种新型材料高功率电饭锅，并于2019年5月6日向专利局提出发明专利申请，2020年10月3日获得专利授权。半年后甲公司发现乙公司生产的某型号电饭锅与本公司的新产品相同，遂要求乙公司停止生产，并赔偿损失。乙公司辩称甲公司的发明早在2018年10月5日就已在某国外杂志上刊登出来，并向专利局提出宣告甲公司专利为无效的申请。那么，甲公司是否还能够继续享有这项技术的专利权？

律师讲解

甲公司不能再享有该技术的专利权。根据《专利法》第二十二条第一款、第二款的规定，如果在申请日前有相同发明在国内外出版物上公开发表过，该发明丧失新颖性，不能获得专利授权。由于甲公司的发明在申请日以前已经在国外杂志上公开，不符合获得专利权的条件。《专利法》第四十五条规定，自国务院专利行政部门公告授予专利权之日起，任何单位或个人认为该专利权的授予不符合本法有关规定的，可以请求专利复审委员会宣告该专利权无效。虽然甲公司的发明已获专利授权，但是乙公司可以依法申请宣告其专利无效。

法条链接

《中华人民共和国专利法》

第二十二条第一款、第二款 授予专利权的发明和实用新型，应当具备新颖性、创造性和实用性。

新颖性，是指该发明或者实用新型不属于现有技术；也没有任何单位或者个人就同样的发明或者实用新型在申请日以前向国务院专利行政部门提出过申请，并记载在申请日以后公布的专利申请文件或者公告的专利文件中。

第四十五条 自国务院专利行政部门公告授予专利权之日起，任何单位或者个人认为该专利权的授予不符合本法有关规定的，可以请求专利复审委员会宣告该专利权无效。

181. 强制许可是否适用于以他人专利为基础而发明的新专利?

生活实例

甲公司研制了一种带转轴的千斤顶，提出了实用新型专利申请，并获得专利授权。乙公司在甲公司专利基础上进行了新的研制，开发出一种新的千斤顶，也对其申请了实用新型专利。因为乙公司的专利产品是在甲公司专利产品的基础之上开发的，乙公司与甲公司协商要求实施甲公司的专利。请问，乙公司的要求合法吗?

律师讲解

乙公司的要求是合法的。强制许可，是指国家专利行政主管部门可以不经专利权人的同意，通过法定条件和程序强制允许申请者实施发明专利或实用新型专利，并由被许可人付给专利人使用费的制度。我国的《专利法》第五十一条规定："一项取得专利权的发明或者实用新型比前已经取得专利权的发明或者实用新型具有显著经济意义的重大技术进步，其实施又有赖于前一发明或者实用新型的实施的，国务院专利行政部门根据后一专利权人的申请，可以给予实施前一发明或者实用新型的强制许可。"乙公司的实用新型是在甲公司实用新型的基础上发明的，并且乙公司专利的实施又依赖于甲公司的专利的实施，所以乙公司可以请求强制许可。

法条链接

《中华人民共和国专利法》

第五十一条 一项取得专利权的发明或者实用新型比前已经取得专利权的发明或者实用新型具有显著经济意义的重大技术进步，其实施又有赖于前一发明或者实用新型的实施的，国务院专利行政部门根据后一专利权人的申请，可以给予实施前一发明或者实用新型的强制许可。

在依照前款规定给予实施强制许可的情形下，国务院专利行政部门根据前一专利权人的申请，也可以给予实施后一发明或者实用新型的强制许可。

182. 法律是如何规定专利权的优先取得顺序的？

生活实例

甲公司于 2019 年 11 月 5 日向专利局提交了一份名为“电热高压锅”的发明专利申请。乙公司于 2019 年 11 月 10 日也向专利局提交了一份名为“电热高压锅”的发明专利申请。乙公司称该专利申请已于 2019 年 10 月 7 日以相同主题在美国提出了专利申请，并同时提交了优先权书面申请以及第一次在美国申请时的申请文件副本。那么，哪家公司拥有相关专利权利呢？

律师讲解

乙公司能够获得该项专利的专利权。《专利法》第二十九条规定：“申请人自发明或者实用新型在外国第一次提出专利申请之日起十二个月内，或者自外观设计在外国第一次提出专利申请之日起六个月内，又在中国就相同主题提出专利申请的，依照该外国同中国签订的协议或者共同参加的国际条约，或者依照相互承认优先权的原则，可以享有优先权。”同时《专利法》第三十条还规定：“申请人要求优先权的，应当在申请的时候提出书面声明，并且在三个月内提交第一次提出的专利申请文件的副本……”乙公司先于甲公司在美国提出专利申请，并提供相关文件，应当享有优先权，乙公司的申请日（即 2019 年 10 月 7 日）早于甲公司。《专利法》第九条规定，两个以上的申请人分别就同样发明创造申请专利的，专利权授予最先申请的人。乙公司获得专利授权。

法条链接

《中华人民共和国专利法》

第九条 同样的发明创造只能授予一项专利权。但是，同一申请人同日对同样的发明创造既申请实用新型专利又申请发明专利，先获得的实用新型专利权尚未终止，且申请人声明放弃该实用新型专利权的，可以授予发明专利权。

两个以上的申请人分别就同样的发明创造申请专利的，专利权授予最先申请的人。

第二十九条 申请人自发明或者实用新型在外国第一次提出专利申请之日起十二个月内，或者自外观设计在外国第一次提出专利申请之日起六个月内，又在中国就相同主题提出专利申请的，依照该外国同中国签订的协议或者共同参加的国际条约，或者依照相互承认优先权的原则，可以享有优先权。

申请人自发明或者实用新型在中国第一次提出专利申请之日起十二个月内，又向国务院专利行政部门就相同主题提出专利申请的，可以享有优先权。

第三十条 申请人要求优先权的，应当在申请的时候提出书面声明，并且在三个月内提交第一次提出的专利申请文件的副本；未提出书面声明或者逾期未提交专利申请文件副本的，视为未要求优先权。

183. 专利权的共有人是否能够以个人名义将专利授权给他人使用？

生活实例

王某、李某、梅某三人将他们共同所有的专利与黑龙江无线电一厂签订专利技术许可合同，在提供了全套技术图纸和设计资料后由无线电一厂支付入门费1.3万元。两周前，王某又以个人的名义与无线电三厂签订了排他性专利实施许可合同。合同约定："王某将其所有的单人便携式浴箱实用新型专利有偿转让给无线电三厂使用，无线电三厂可在全国范围内独家使用该专利并拥有销售权；合同有效期内，由于工艺或生产等其他方面的需要，双方均可对专利进行技术改进设计，但不影响和改变专利的属性，不影响本合同的执行；无线电三厂在合同生效之日再付给王某1.2万元入门费"；同时约定了专利费的分段提取方式。请问：王某和无线电三厂的约定是否合法？

律师讲解

王某和无线电三厂的做法是不符合法律规定的。本案中，王某等三人在一开始以普通许可的方式授权无线电一厂使用自己的专利权，而后王某又以排他许可的方式授权无线电三厂使用三人共有的专利权。根据我国《专利法》第十五条的规定，专利申请权或者专利权的共有人对权利的行使有约定的，从其约定。没有约定的，共有人可以单独实施或者以普通许可方式许可他人实施该专利；许可他人实施该专利的，收取的使用费应当在共有人之间分配。据此规定可以得出，王某不可以以个人的名义授权别人排他使用三人共有的专利权。

法条链接

《中华人民共和国专利法》

第十五条　专利申请权或者专利权的共有人对权利的行使有约定的，从其约定。没有约定的，共有人可以单独实施或者以普通许可方式许可他人实施该专利；许可他人实施该专利的，收取的使用费应当在共有人之间分配。

除前款规定的情形外，行使共有的专利申请权或者专利权应当取得全体共有人的同意。

第八章　行政执法法律常识

三十三、治安管理

184. 公安人员当场作出行政处罚决定的行为是否合法?

生活实例

王某在装修厨房的时候，凿穿了墙面，损坏了邻居林某家的壁橱，双方便争执了起来。两人争吵的声音惊扰了周围的邻居，邻居们就报了警。闻讯而来的警察经过现场勘查，依照《治安管理处罚法》作出相应的处罚，两人都没有异议。那么，公安人员可以当场作出行政处罚吗?

律师讲解

公安人员可以当场作出行政处罚。该问题主要涉及行政处罚的简易程序。简易程序，也称当场处罚程序，是指国家行政机关或者法律、法规授权的组织对符合法定条件的行政处罚事项，当场作出行政处罚决定的处罚程序。根据《治安管理处罚法》第一百条、第一百零四条的规定，适用简易程序是要符合一定的条件的，其必须是有法定依据，违法事实确凿，较小数额罚款或者警告的行政处罚。此处，根据《行政处罚法》[1]第五十一条的规定，较小的罚款是指对公民处以 200 元以下、对法人或其他组织处以 3000 元以下的罚款。如果符合以上

---

1 本法由中华人民共和国第十三届全国人民代表大会常务委员会第二十五次会议于2021年1月22日修订通过，自2021年7月15日起实施。

的条件，执法人员就可以适用简易程序，当场作出行政处罚。

本案中，事件的脉络很清晰，王某与林某双方对违法事实的认定没有异议，争议比较集中，执法人员可以依法适用简易程序，当场作出行政处罚。

法条链接

《中华人民共和国治安管理处罚法》

第一百条　违反治安管理行为事实清楚，证据确凿，处警告或者二百元以下罚款的，可以当场作出治安管理处罚决定。

第一百零四条　受到罚款处罚的人应当自收到处罚决定书之日起十五日内，到指定的银行缴纳罚款。但是，有下列情形之一的，人民警察可以当场收缴罚款：

（一）被处五十元以下罚款，被处罚人对罚款无异议的；

……

《中华人民共和国行政处罚法》

第五十一条　违法事实确凿并有法定依据，对公民处以二百元以下、对法人或者其他组织处以三千元以下罚款或者警告的行政处罚的，可以当场作出行政处罚决定。法律另有规定的，从其规定。

185. 吊销营业执照的行政处罚决定是否可以由公安局作出？

生活实例

某市公安局接到举报称该县某发廊介绍并容留妇女卖淫，公安局经突击检查发现情况属实。于是，对该发廊老板处以拘留15日、罚款3000元并吊销该发廊的营业执照的行政处罚。发廊老板对前两项处罚都没有异议，但是对于第三项，认为不属于公安局的管理范围，公安局无权吊销其营业执照。请问，在本案中，公安局有权吊销发廊的营业执照吗？

律师讲解

本案中公安局无权吊销发廊的营业执照。根据《治安管理处罚法》第六十七条规定，引诱、容留、介绍他人卖淫的，处10日以上15日以下行政拘留，并可处5000元以下罚款。据此，本案中公安局对发廊介绍、容留妇女卖淫所作的前两项处罚是没有问题的。但对于吊销营业执照的处罚，公安机关只能吊销由公安机关发放的许可证，而营业执照是市场监督管理行政部门发放的，公安机关无权吊销。所以，本案中公安局吊销发廊的营业执照的行为超越了法定权限，应该被认定为是无效的。

法条链接

《中华人民共和国治安管理处罚法》

第六十七条 引诱、容留、介绍他人卖淫的，处十日以上十五日以下拘留，可以并处五千元以下罚款；情节较轻的，处五日以下拘留或者五百元以下罚款。

186. 违反治安管理行为人是否有权要求办案民警回避？

生活实例

胡某与贾某发生冲突，贾某把胡某打伤。二人被带到公安机关接受讯问。公安机关办案的民警是胡某的姐夫，贾某心里非常害怕，心想这下可坏了，警察一定偏袒胡某，自己要倒霉了。请问，这种情况下，为了不使胡某受到偏袒，贾某可以采取什么措施？

律师讲解

贾某可以要求胡某的姐夫回避。回避是指警察在出现一定的情况之下，应当退出案件办理的一种制度。这是为了保证治安处罚案件的公正性。根据《治安管理处罚法》第八十一条的规定，人民警察在办理治安案件过程中，遇有法定情形时的，应当回避；违反治安管理行为人、被侵害人或者其法定代理人也有权要求他们回避。

本案中，由于办案警察是胡某的姐夫，如果由他办理案件，会有不公正的嫌疑，并且有可能使贾某权利受到损害，因此，贾某有权要求其回避。

法条链接

《中华人民共和国治安管理处罚法》

第八十一条　人民警察在办理治安案件过程中，遇有下列情形之一的，应当回避；违反治安管理行为人、被侵害人或者其法定代理人也有权要求他们回避：

（一）是本案当事人或者当事人的近亲属的；

（二）本人或者其近亲属与本案有利害关系的；

（三）与本案当事人有其他关系，可能影响案件公正处理的。

人民警察的回避，由其所属的公安机关决定；公安机关负责人的回避，由上一级公安机关决定。

187. 调解制度适用于治安案件吗?

生活实例

李某到一家饭店吃饭，席间多喝了点酒，酒后便开始闹事。李某不顾服务员的劝阻，砸坏了饭店内的许多桌椅，共造成经济损失1000余元。派出所在接到报警后赶到饭店，制止了李某的行为，酒醒后的李某得知自己的行为，深感抱歉，表示愿意赔偿损失，饭店方面也没有异议，此事就此解决。请问：对此类治安案件，警察可以进行调解吗?

律师讲解

对于这种治安案件，警察是可以进行调解的。调解制度，是我国民事诉讼、刑事自诉和赔偿诉讼中的特有制度，是在尊重当事人意愿的前提下进行的调解。

在我国司法实践中，公安机关可以对因民间纠纷引起的违反治安管理行为进行调解，根据《治安管理处罚法》第九条的规定，公安机关可以进行调解的范围包括因民间纠纷引起的打架斗殴或者损毁他人财物等违反治安管理、情节较轻的行为。

本案中，李某酒后打坏了该饭店的桌椅，虽造成了一定的财产损失，但情节比较轻微，公安机关在尊重双方意愿的情况下，可以进行调解，达成调解协议。但是，如果双方不愿意履行调解协议，则公安机关应依法作出行政处罚。

法条链接

《中华人民共和国治安管理处罚法》

第九条 对于因民间纠纷引起的打架斗殴或者损毁他人财物等违反治安管理行为，情节较轻的，公安机关可以调解处理。经公安机关调解，当事人达成协议的，不予处罚。经调解未达成协议或者达成协议后不履行的，公安机关应当依照本法的规定对违反治安管理行为人给予处罚，并告知当事人可以就民事争议依法向人民法院提起民事诉讼。

188. 派出所民警作出的拘留决定是否合法?

生活实例

某晚，女子韩某在自己经营的美容美发店照常营业时，当地派出所干警突然闯入美发店，将韩某强行带到派出所，并对其进行严格的审讯，要韩某承认做暗娼的行为。在长达 20 多个小时的非法讯问后，派出所民警见韩某没有反应，便出具了一份《治安管理处罚决定书》，以做暗娼为由拘留韩某 15 天。那么，派出所民警的行为是合法的吗?

律师讲解

派出所民警的行为不合法。公安派出所是公安机关的派出机构，被派出机构不是独立的行政主体，除非法律授权，否则不能以自己的名义对其行为负责。

也就是说，派出所作为公安机关的派出机构，其权限要小得多。根据《治安管理处罚法》第九十一条规定，派出所尽管也可以作出行政处罚，但是只能是警告，或者是500元以下的罚款的行政处罚，不能超出这个范围，否则就是越权。其他的行政处罚由县级以上的公安机关作出。

本案中，拘留15天的行政处罚显然已经超出了派出所的职权范围，也就是说，派出所没有权力对韩某作出拘留15天的行政处罚，该处罚是越权作出的，是无效的。

法条链接

《中华人民共和国治安管理处罚法》

第九十一条 治安管理处罚由县级以上人民政府公安机关决定；其中警告、五百元以下的罚款可以由公安派出所决定。

三十四、警察执法

189. 警察随便搜身的行为是否合法？

生活实例

一天早上，正值上班高峰期，公交车上十分拥挤。突然，车上有一个女孩子大喊："车上有小偷！"此时，一个年轻男子突然喊话，声称自己是警察，并出示了警徽，同时要求司机不要停车。随后，这名警察开始在车上走动，并逐一搜查车上乘客的随身物品，甚至搜身。请问，警察的做法合法吗？

律师讲解

警察的做法应该视具体情况而定。法律上确实规定了警察不能非法搜查他人的身体、物品、住所或者场所，但是，对于什么情况是非法搜身规定得较为模糊，因此，实践上不太好判断。一般认为对现行犯和犯罪嫌疑人才可以采取搜身。但是，从程序上说，根据《治安管理处罚法》第八十七条的规定，女性由女性警察搜身的规定是可以肯定的。本案中，该警察的行为的确不好判断，但是，如果车上有女性乘客，则这名男性警察不能对其搜身，否则就是非法的。社会实际情况较为复杂，很多问题都要视具体情况而定。

法条链接

《中华人民共和国治安管理处罚法》

第八十七条 公安机关对与违反治安管理行为有关的场所、物品、人身可以进行检查。检查时，人民警察不得少于二人，并应当出示工作证件和县级以上人民政府公安机关开具的检查证明文件。对确有必要立即进行检查的，人民警察经出示工作证件，可以当场检查，但检查公民住所应当出示县级以上人民政府公安机关开具的检查证明文件。

检查妇女的身体，应当由女性工作人员进行。

190. 警察抓捕精神病人的行为是否合法？

生活实例

韩某在上大学期间交往的女朋友另结新欢，与韩某分手了。时值韩某因与同学打架而被学校处以记大过的处分，再加上被女朋友抛弃，痛苦万分的韩某经受不住打击，精神失常了。韩某的家人把韩某送到医院治疗，其间，韩某跑出了医院，要找女朋友报仇。精神不正常的韩某举着刀在街上乱逛，警察闻讯赶到后，将其制服并拘捕。请问，韩某是精神病人，警察也要抓吗？

律师讲解

即使韩某是精神病人，警察也会将其拘捕。按照我国《人民警察法》第十四条的规定，对于严重危害公共安全或者他人人身安全的精神病人，可以采取保护性约束措施。本案中，韩某是一个精神病人，其家属没有看护好他，致使韩某在大街上持刀乱逛，韩某的行为具有极大的社会危害性，对街上的行人威胁太大，警察可以对其采取保护性约束措施。但是，警察采取强制性的措施，应当报请县级以上人民政府公安机关批准，并及时通知其监护人。在拘捕后，要送往指定的单位、场所加以监护。

法条链接

《中华人民共和国人民警察法》

第十四条　公安机关的人民警察对严重危害公共安全或者他人人身安全的精神病人，可以采取保护性约束措施。需要送往指定的单位、场所加以监护的，应当报请县级以上人民政府公安机关批准，并及时通知其监护人。

191. 警察在执法中造成他人财产损失，是否需要承担赔偿责任?

生活实例

某市公安局接到举报，称某小区有人进行赌博活动。警察赶到某小区某单元房后，扣押了包括王某在内的3名男子以及所有财物，包括现金和两台笔记本。在调查阶段，这些财物由公安局进行保管。公安局内的一名警察私自将扣押的一台笔记本取出并使用，由于不会使用，导致笔记本烧坏。此案经过调查，证明王某等人没有赌博，在取回财物时，王某发现一台笔记本坏了，便要求公安局赔偿。那么，公安局该对此承担赔偿责任吗?

律师讲解

公安局应该对此作出赔偿。在司法实践当中，会出现很多侵犯公民的人身权利和财产权利的行政行为，为了保障公民的权益，国家制定了相应的赔偿制度。

本案中，该名警察违反规定，擅自将被扣押的笔记本电脑取出并且使用，结果使用不当使其烧坏，给行政相对人造成了财产损失，其行为本身就是违法的，该警察所在的公安局应该依照《国家赔偿法》第三条、第四条的规定作出行政赔偿。

法条链接

《中华人民共和国国家赔偿法》

第三条 行政机关及其工作人员在行使行政职权时有下列侵犯人身权情形之一的，受害人有取得赔偿的权利：

（一）违法拘留或者违法采取限制公民人身自由的行政强制措施的；

（二）非法拘禁或者以其他方法非法剥夺公民人身自由的；

（三）以殴打、虐待等行为或者唆使、放纵他人以殴打、虐待等行为造成公民身体伤害或者死亡的；

（四）违法使用武器、警械造成公民身体伤害或者死亡的；

（五）造成公民身体伤害或者死亡的其他违法行为。

第四条 行政机关及其工作人员在行使行政职权时有下列侵犯财产权情形之一的，受害人有取得赔偿的权利：

（一）违法实施罚款、吊销许可证和执照、责令停产停业、没收财物等行政处罚的；

（二）违法对财产采取查封、扣押、冻结等行政强制措施的；

（三）违法征收、征用财产的；

（四）造成财产损害的其他违法行为。

192. 警察在执行任务时误伤人质是否需要承担法律责任？

生活实例

周末，在某市中心繁华的大街上，突然出现枪响，群众惊慌地四散奔逃。混乱的人群中，一个年轻男子举着枪大喊：“全都趴下，我是警察！”边说边向前方不远处一持枪男子开枪。前方的持枪男子正挟持一名女性人质向市中心花园逃跑，为了不使犯罪嫌疑人逃到花园，警察便果断地开枪，结果将人质打伤。那么，这种情况该怎样进行法律上的认定？

律师讲解

警察行使职权不当，造成损害的，应当赔偿。本案中，警察追缉犯罪嫌疑人原本是正当的，即使追缉地点是在市中心繁华的大街上，也实属无可奈何，毕竟，犯罪嫌疑人究竟何时何地出现是无法预测的。但是，无论基于什么原因，警察在处理人质的问题上应该是慎之又慎的。随便开枪打伤人质，就是警察的失职了，无论是经验的判断、环境的迫使还是人质处境的考虑，都不能成为抗辩的理由。为此，对受伤的人质，应当按照《国家赔偿法》第十七条第五项的规定作出适当的赔偿。对于开枪的警察，也应该受到公安机关内部的行政处分。

法条链接

《中华人民共和国国家赔偿法》

第十七条 行使侦查、检察、审判职权的机关以及看守所、监狱管理机关及其工作人员在行使职权时有下列侵犯人身权情形之一的，受害人有取得赔偿的权利：

……

（五）违法使用武器、警械造成公民身体伤害或者死亡的。

三十五、行政处罚

193. 执法人员当场收缴罚款的行为合法吗？

生活实例

王某从一非法卷烟市场购买了进口卷烟 100 条，在无准运证的情况下企图运到别处。运输途中，被烟草专卖局委托的执法人员查获。执法人员经过调查，没收了这100条卷烟，作出了罚款3000元的行政处罚，并当场要求王某缴纳。那么，执法人员的行为是合法的吗?

律师讲解

执法人员的行为是不合法的。根据我国《行政处罚法》第六十七条的规定，作出罚款决定的行政机关和收缴罚款的机构是相分离的，这是行政处罚中职能分离的原则。但是，并不是所有的罚款都由专门机构收缴，也就是说，也会有当场收缴罚款的情况。根据该法第六十八条、第六十九条的规定，这些情况包括：依法给予20元以下的罚款的；不当场收缴事后难以执行的；边远、水上、交通不便地区，当事人向指定银行缴纳罚款确有困难，经当事人提出的。

本案中，王某被处以罚款的情况不符合当场收缴罚款的条件，王某应到指定银行交款。对于执法人员当场收缴罚款的要求，王某有权拒绝。

法条链接

《中华人民共和国行政处罚法》

第六十七条 作出罚款决定的行政机关应当与收缴罚款的机构分离。

除依照本法第六十八条、第六十九条的规定当场收缴的罚款外，作出行政处罚决定的行政机关及其执法人员不得自行收缴罚款。

当事人应当自收到行政处罚决定书之日起十五日内，到指定的银行或者通过电子支付系统缴纳罚款。银行应当收受罚款，并将罚款直接上缴国库。

第六十八条 依照本法第五十一条的规定当场作出行政处罚决定，有下列情形之一，执法人员可以当场收缴罚款：

（一）依法给予一百元以下罚款的；

（二）不当场收缴事后难以执行的。

第六十九条 在边远、水上、交通不便地区，行政机关及其执法人员依照本法第五十一条、第五十七条的规定作出罚款决定后，当事人到指定的银行或者通过电子支付系统缴纳罚款确有困难，经当事人提出，行政机关及其执法人员可以当场收缴罚款。

194. 当事人拒不缴纳罚款将会承担什么责任？

生活实例

肖某经营一家花店，在修剪花枝后，为了省事，其便将剪下来的废枝废叶堆到附近的垃圾箱旁，沿途还遗落很多的泥土，影响市容，附近居民对此怨声载道。有关部门以此为由对肖某处以罚款的行政处罚，肖某不理会，罚款也不缴。经多次催促，肖某仍不缴纳罚款。那么，对于这种逾期不履行行政处罚决定的行为，有什么应对措施吗？

律师讲解

行政处罚是一种行政制裁，是对违反行政法律规范但尚未构成犯罪的行政相对人的制裁，是由国家强制力保证实施的。妄图逃避肯定是行不通的，对于逾期不履行行政处罚的行为，法律规定了惩罚性的措施，包括加处罚款；将查封、扣押的财物拍卖、依法处理或者将冻结的存款、汇款划拨抵缴罚款；申请法院强制执行。

本案中，有关行政机关在对肖某作出罚款的行政处罚后，肖某拒不执行，按照法律规定，会采取加罚、将查封或扣押财物拍卖、依法处理或者将冻结的存款、汇款划拨抵缴罚款以及由人民法院强制执行等相应的措施。

法条链接

《中华人民共和国行政处罚法》

第七十二条　当事人逾期不履行行政处罚决定的，作出行政处罚决定的行政机关可以采取下列措施：

（一）到期不缴纳罚款的，每日按罚款数额的百分之三加处罚款，加处罚款的数额不得超出罚款的数额；

（二）根据法律规定，将查封、扣押的财物拍卖、依法处理或者将冻结的存款、汇款划拨抵缴罚款；

（三）根据法律规定，采取其他行政强制执行方式；

（四）依照《中华人民共和国行政强制法》的规定申请人民法院强制执行。

行政机关批准延期、分期缴纳罚款的，申请人民法院强制执行的期限，自暂缓或者分期缴纳罚款期限结束之日起计算。

195. 执法人员可以对同一违法行为进行多次处罚吗？

生活实例

王某是某商店的店主，经常使用高音喇叭招揽顾客，造成噪声污染，严重影响周围居民的日常生活。接到周围群众的举报，执法人员经过现场勘查、调查等取证程序，责令王某在两天内整改，并处罚款。两天后执法人员再次检查时，发现王某根本没改。那么，执法人员可以再次对王某罚款吗？

律师讲解

执法人员不能就同一件事再对王某罚款了。罚款是行政处罚中财产罚的一种形式。行政处罚，是指有处分权的行政机关组织，对违反行政法律法规的行政相对人给予行政制裁的具体行政行为。行政处罚是在惩戒违法行为人的同时，教育和训诫违法行为人，使其不再犯。为了避免执法人员对行政相对人的违法行为实施单纯的惩罚，我国《行政处罚法》第二十九条规定了一事不再罚的原则，简单地讲，就是对同一个违法行为，不能重复处罚。

本案中，执法人员对王某的行为已经罚过款了，按照一事不再罚的原则，就不能再罚了。执法人员可以对王某进行批评教育，力求使王某改正错误。

法条链接

《中华人民共和国行政处罚法》

第二十九条 对当事人的同一个违法行为，不得给予两次以上罚款的行政处罚。同一个违法行为违反多个法律规范应当给予罚款处罚的，按照罚款数额高的规定处罚。

196. 执法人员在收取罚款时可以用“白条”代替收据吗？

生活实例

某市一家农药公司运送农药、种子的货车途经某县时，被该县农业局执法大队查明该公司未出示经销种子的证件，并且部分农药也有问题。于是，该县农业局将其部分物资没收，并对其处一万元罚款。农业局当场收取了6000元的罚款，但是没有出示任何正式的收据，只是将写有“待结案时换正式票据”字样的随便的一张纸交给了货车司机。请问：执法人员这样的行为合法吗？

律师讲解

农业局执法人员罚款打白条的行为是违法的。罚款，是指有行政处罚权的行政主体依法强制违反行政法律规范的行为人在一定期限内向国家缴纳一定数额的金钱的处罚方式，是行政处罚中财产罚的一种。通常情况下，行政处罚机关应当与收缴罚款的机关分离，这是为了避免出现执法人员违法执法的行为。但是，也会有当场收缴罚款的情况。而根据《行政处罚法》第七十条的规定，作出行政处罚并当场收缴罚款的行政执法人员必须出具国务院财政部门或者省、自治区、直辖市人民政府财政部门统一制发的专用票据，否则，当事人有权拒绝缴纳罚款。统一的收据是具有权限的执法人员依法执法的凭证，没有收据，就难以证明执法的合法性，很可能会造成混乱。因此，执法人员在收缴罚款时出具统一的收据是必要的。本案中，该农业局的执法人员当场罚款一万元，并收缴了6000元，但是，没有出具统一的收据，而是随便找了张纸条，实际上等于打白条。该农药公司的运输司机可以拒绝缴纳罚款。

法条链接

《中华人民共和国行政处罚法》

第七十条 行政机关及其执法人员当场收缴罚款的，必须向当事人出具国务院财政部门或者省、自治区、直辖市人民政府财政部门统一制发的专用票据；不出具财政部门统一制发的专用票据的，当事人有权拒绝缴纳罚款。

197. 超市“偷一罚十”的规定是否合法?

生活实例

一天，岳某带着女儿去买东西。超市入口处有一个标有“偷一罚十”的警示牌。岳某买完东西后，到出口处结账。结完账，岳某带着女儿准备离开超市，刚走到超市门口，保安就拦住了岳某，并用手指了指岳某女儿手里的玩具娃娃。岳某这才发现，女儿手中的娃娃还没付款。保安以岳某违反了超市的规定为由，要按照货款十倍的数额罚款。请问：超市有权这样做吗?

律师讲解

超市无权规定“偷一罚十”。“偷一罚十”，从性质上看，应该是一种罚款的行为，而罚款属于行政处罚的一种。我国《行政处罚法》第十七条明确规定，行政处罚的主体是行政主体，主要的行政主体是指国家行政机关，当然，还有其他行政主体，比如行业协会等。也就是说，有权作出行政处罚的只有行政主体，而超市不在此列。

本案中，超市无权作出“偷一罚十”的行政处罚，其处罚行为是无效的。在事实认清之后，岳某可以要求超市返还罚款，还可以要求超市赔礼道歉，消除影响，赔偿损失。即使真的出现偷盗现象，超市也应该报警，由公安机关来认定和处罚，超市自身没有处罚权。

法条链接

《中华人民共和国行政处罚法》

第十七条 行政处罚由具有行政处罚权的行政机关在法定职权范围内实施。

三十六、行政许可

198. 能够设立行政许可的事项有哪些?

生活实例

一企业未经批准，占用耕地2000平方米建厂房。国土资源管理部门发现时，主体工程已经完工。国土资源管理部门对该企业作出限期自行拆除违法建筑的行政处罚，该企业置之不理。国土资源管理部门遂申请法院强制执行，但申请发出近3个月，法院迟迟未采取行动。请问，国土资源管理部门的强制执行申请是否属于申请行政许可的范畴?

律师讲解

依据《行政许可法》第二条的规定，行政许可是指行政机关根据公民、法人或者其他组织的申请，经依法审查，准予其从事特定活动的行为。从行政许可的概念可以看出，行政许可的申请人是公民、法人或者其他组织，而被申请人是行政机关，也即行政许可的实施机关是行政机关。同时，《行政许可法》第十二条明确规定了可以设定行政许可的事项。在本案中，国土资源管理部门申请强制执行的行为，申请人是行政机关，即国土资源管理部门，向司法机关，即人民法院申请强制执行，不符合行政许可的构成要件。因此，国土资源管理部门的强制执行申请不属于申请行政许可，法院作出的强制执行决定也不是行政许可行为，而是一种司法行为。

法条链接

《中华人民共和国行政许可法》

第二条 本法所称行政许可，是指行政机关根据公民、法人或者其他组织的申请，经依法审查，准予其从事特定活动的行为。

第十二条 下列事项可以设定行政许可：

（一）直接涉及国家安全、公共安全、经济宏观调控、生态环境保护以及直接关系人身健康、生命财产安全等特定活动，需要按照法定条件予以批准的事项；

（二）有限自然资源开发利用、公共资源配置以及直接关系公共利益的特定行业的市场准入等，需要赋予特定权利的事项；

（三）提供公众服务并且直接关系公共利益的职业、行业，需要确定具备特殊信誉、特殊条件或者特殊技能等资格、资质的事项；

（四）直接关系公共安全、人身健康、生命财产安全的重要设备、设施、产品、物品，需要按照技术标准、技术规范，通过检验、检测、检疫等方式进行审定的事项；

（五）企业或者其他组织的设立等，需要确定主体资格的事项；

（六）法律、行政法规规定可以设定行政许可的其他事项。

199. 行政机关有权撤销行政许可吗？

生活实例

张某参加考试并取得《医师资格证书》。后经省级卫生行政部门查明，张某在报名时提供的是虚假的报名材料，并且对相关人员进行贿赂。于是省级卫生行政部门向张某送达了《行政许可撤销告知书》，后省级卫生行政部门撤销了张某的《医师资格证书》。请问：已经取得的医师资格证书可以撤销吗？省级卫生行政部门有权撤销张某的《医师资格证书》吗？

律师讲解

行政许可是指行政主体根据公民、法人或者其他组织的申请，经依法审查，准予其从事特定活动的行为。本案中张某取得《医师资格证书》，就是获得了从医的行政许可。但是根据《行政许可法》第六十九条的规定，被许可人以欺骗、贿赂等不正当手段取得行政许可的，应当由作出行政许可的行政机关或者其上级机关予以撤销。本案中张某获得的行政许可是采取"提供虚假材料，对相关人员进行贿赂"的方式获得的，张某的行为触犯了《行政许可法》的禁止性规定，应该由作出行政许可的行政机关或上级机关予以撤销。根据《医师资格考试暂行办法》第三十三条第一款的规定，授予《医师资格证书》的机关是省级卫生行政部门。那么省级卫生行政部门及其上级行政机关都有权撤销该行政许可，所以本案中省级卫生行政部门有权撤销张某的《医师资格证书》。

法条链接

《中华人民共和国行政许可法》

第六十九条　有下列情形之一的，作出行政许可决定的行政机关或者其上级行政机关，根据利害关系人的请求或者依据职权，可以撤销行政许可：

（一）行政机关工作人员滥用职权、玩忽职守作出准予行政许可决定的；

（二）超越法定职权作出准予行政许可决定的；

（三）违反法定程序作出准予行政许可决定的；

（四）对不具备申请资格或者不符合法定条件的申请人准予行政许可的；

（五）依法可以撤销行政许可的其他情形。

被许可人以欺骗、贿赂等不正当手段取得行政许可的，应当予以撤销。

依照前两款的规定撤销行政许可，可能对公共利益造成重大损害的，不予撤销。

依照本条第一款的规定撤销行政许可，被许可人的合法权益受到损害的，行政机关应当依法给予赔偿。依照本条第二款的规定撤销行政许可的，被许可人基于行政许可取得的利益不受保护。

《医师资格考试暂行办法》

第三十三条第一款 考试成绩合格的，授予执业医师资格或执业助理医师资格，由省级卫生行政部门颁发卫生部[1]统一印制的《医师资格证书》。

200. 土管局有权强制没收城建局许可建设的房屋吗?

生活实例

河南省驻马店市的苏某向当时负责批地和建房的职能部门——驻马店市城建局提出申请，将自家的平房改建成楼房，而且城建局给他发了零星修缮许可证。苏某冒着风险向银行贷了十万元，向亲戚朋友借了十几万元，历尽艰辛在原有的地基上建起了四层小楼共计三十二间房子。然而不久，驻马店市土地管理局就给苏某下发了一份处罚决定书，将苏某的四层小楼共计三十二间房全部予以没收。土地管理局认为，苏某当初占用村里的荒地建造私房未经有关部门批准，属违法占地建房，而且土管局否定了城建局以前的规定，并认为当时城建局下发的零星修缮许可证是不能够代替土地使用证的。请问，土管局的做法是否符合法律的规定?

律师讲解

本案涉及苏某的信赖利益保护的问题。根据《行政许可法》第八条的规定，所谓信赖利益的保护是指，公民、法人或其他组织在通过合法途径取得行政许可之后，行政机关不得随意改变该许可，如果由于特殊情况需要撤回许可，给公民、法人或者其他组织造成财产损失的，行政机关应当依法给予补偿。信赖保护原则要求政府遵守和履行承诺，不能出尔反尔，不得擅自改变已经生效的行政行为。政府不能以政策变化、工作失误或经验不足为由随意收回、变更或撤销已经作出的承诺。本案中苏某在获得城建局许可的情况下建设房屋，但是被土管局否认，并强制没收其房屋。土管局的行为已经严重违反了《行政许可法》的规定。

---

1 2013年3月，国务院组建国家卫生和计划生育委员会，不再保留卫生部。

法条链接

《中华人民共和国行政许可法》

第八条 公民、法人或者其他组织依法取得的行政许可受法律保护，行政机关不得擅自改变已经生效的行政许可。

行政许可所依据的法律、法规、规章修改或者废止，或者准予行政许可所依据的客观情况发生重大变化的，为了公共利益的需要，行政机关可以依法变更或者撤回已经生效的行政许可。由此给公民、法人或者其他组织造成财产损失的，行政机关应当依法给予补偿。

201. 作出行政许可的决定是否有时间限制?

生活实例

2020年8月17日，王某向省司法厅申请领取律师执业证书。司法厅当日受理了王某的许可申请。但是司法厅在收到申请文件之后，迟迟不给王某颁发律师执业证书。到2020年10月10日，王某没有收到司法厅的任何答复。那么，司法厅的行为符合法律关于许可期限的规定吗?

律师讲解

行政机关授予行政许可，应该在法定期限内作出。《行政许可法》第四十二条第一款规定了行政许可的具体期限，同时规定如果法律、法规对行政许可的期限另有规定的，依照其规定。本案涉及的是律师执业证书的许可申请的问题，关于这一许可期限，《律师法》里有明确的规定，省司法厅应该按照《律师法》第六条第三款的规定在受理之日起30日内作出决定。本案中行政机关超出了30日的许可期限不作决定，违反了法律规定。另外，即使王某的申请不符合授予条件，行政机关也应该在法定期间内作出不予许可的决定书，本案中的行政机关显然违反了这一规定。

法条链接

《中华人民共和国行政许可法》

第四十二条第一款 除可以当场作出行政许可决定的外，行政机关应当自受理行政许可申请之日起二十日内作出行政许可决定。二十日内不能作出决定的，经本行政机关负责人批准，可以延长十日，并应当将延长期限的理由告知申请人。但是，法律、法规另有规定的，依照其规定。

《中华人民共和国律师法》

第六条第三款 受理申请的部门应当自受理之日起二十日内予以审查，并将审查意见和全部申请材料报送省、自治区、直辖市人民政府司法行政部门。省、自治区、直辖市人民政府司法行政部门应当自收到报送材料之日起十日内予以审核，作出是否准予执业的决定。准予执业的，向申请人颁发律师执业证书；不准予执业的，向申请人书面说明理由。

202. 行政机关授予的行政许可出现错误时，应当由谁承担责任？

生活实例

今年年初，海陵人关某申请加建原来的天正大厦，海陵岛经济开发试验区建设局于 3 月 27 日正式批准在原有两层基础上再加建六层，并向关某颁发了《建设工程规划许可证》。然而 9 月初，海陵岛建设局却通知关某停工，并在 9 月 13 日发出停工通知书，通知书称："因相邻用户提出异议，依照相关规定，需要协调处理，希望你自收到本通知之日起暂停施工，待调处后另行通知。"10 月 15 日，建设局发出《撤销建设工程规划许可证决定书》，决定书称已经颁发的天正大厦西楼的《建设工程规划许可证》在审查过程中违反《中华人民共和国行政许可法》第三十六条、第四十七条的规定，决定撤销已颁发的《建设工程规划许可证》。请问：因建设局的决策失误造成的损失由谁来承担？

律师讲解

本案中，关某在获得建设局许可的情况下加建自己的房屋，但是其后建设局又以相邻用户提出异议为由撤销了这项许可。本案涉及被许可人的信赖利益保护和在行政机关决策失误的情况下损失谁来负担的问题。根据我国《行政许可法》第六十九条的规定，撤销行政许可，被许可人的合法权益受到损害的，行政机关应当依法给予赔偿。本案中，建设局在实施行政许可时因为未考虑到相关利害人的利益而导致相邻用户对该项行政许可提出异议。建设局在这个过程中存在明显的失误，所以建设局不可以随意撤销其对关某的加建房屋的许可，即使撤销这项许可，建设局也要对关某的损失予以赔偿。

法条链接

《中华人民共和国行政许可法》

第三十六条　行政机关对行政许可申请进行审查时，发现行政许可事项直接关系他人重大利益的，应当告知该利害关系人。申请人、利害关系人有权进行陈述和申辩。行政机关应当听取申请人、利害关系人的意见。

第六十九条　有下列情形之一的，作出行政许可决定的行政机关或者其上级行政机关，根据利害关系人的请求或者依据职权，可以撤销行政许可：

（一）行政机关工作人员滥用职权、玩忽职守作出准予行政许可决定的；

（二）超越法定职权作出准予行政许可决定的；

（三）违反法定程序作出准予行政许可决定的；

（四）对不具备申请资格或者不符合法定条件的申请人准予行政许可的；

（五）依法可以撤销行政许可的其他情形。

被许可人以欺骗、贿赂等不正当手段取得行政许可的，应当予以撤销。

依照前两款的规定撤销行政许可，可能对公共利益造成重大损害的，不予撤销。

依照本条第一款的规定撤销行政许可，被许可人的合法权益受到损害的，行政机关应当依法给予赔偿。依照本条第二款的规定撤销行政许可的，被许可人基于行政许可取得的利益不受保护。

三十七、行政复议

203. 公民不服行政处罚时，应当向哪一个机关申请行政复议？

生活实例

杨某经营一家饭店，一日某省辖市卫生行政部门到饭店进行卫生检查，发现饭店的卫生不符合国家标准，于是向杨某下发了《责令限期改正》的通知书，并对杨某处以3000元的罚款。杨某对市卫生行政部门的处罚决定不服，想要申请行政复议，但不知道向哪一个行政机关申请。那么，公民不服行政处罚时，应当向哪一个机关申请行政复议？

律师讲解

我国《行政复议法》第六条明确规定，公民、法人或者其他组织对行政机关的具体行政行为不服的可以向有关行政机关申请复议。申请行政复议要向有管辖权的行政机关提出。《行政复议法》第十二条规定，对县级以上人民政府的工作部门作出的具体行政行为不服的，当事人可以选择向该级人民政府申请行政复议，也可以向作出具体行政行为的工作部门的上级部门申请行政复议。本案中，作出具体行政行为的机关是市卫生行政部门，因此杨某可以向市政府申请行政复议，也可以向省卫生行政部门申请行政复议。杨某对行政复议决定不服的，可以向法院提起诉讼。另外，如果杨某不准备申请行政复议，也可以直接向法院提起行政诉讼。

法条链接

《中华人民共和国行政复议法》

第六条 有下列情形之一的，公民、法人或者其他组织可以依照本法申请行政复议：

（一）对行政机关作出的警告、罚款、没收违法所得、没收非法财物、责令停产停业、暂扣或者吊销许可证、暂扣或者吊销执照、行政拘留等行政处罚决定不服的；

……

第十二条第一款　对县级以上地方各级人民政府工作部门的具体行政行为不服的，由申请人选择，可以向该部门的本级人民政府申请行政复议，也可以向上一级主管部门申请行政复议。

204. 行政复议中，复议机关是否可以采纳行政机关迟延提交的证据？

生活实例

周某不服市政府对其作出的决定，向省政府申请行政复议。市政府在法定的期间内提交了答辩，但是没有提交有关证据和作出具体行政行为的依据。开庭时市政府提交了作出行政行为的法律和事实依据，并说明由于市政府办公场所调整，所以迟延提交证据。那么，市政府在复议中提出的证据可以作为省政府审查市政府行为合法性的依据吗？

律师讲解

行政复议虽然是行政机关的内部救济程序，但是对被申请人提交证据的要求也较为严格，目的是防止行政机关事后取证，从而影响行政公正。《行政复议法》第二十三条明确规定，被申请人（作出具体行政行为的行政机关）应该在收到申请书副本或者申请笔录复印件之日起 10 日内，提出书面答复，并提交当初作出具体行政行为的证据、依据和其他有关材料。超出法定期限提出证据的，不能作为复议机关审查其行为合法性的依据。因此，本案中被申请人提交的证据不能被采纳。

法条链接

《中华人民共和国行政复议法》

第二十三条　行政复议机关负责法制工作的机构应当自行政复议申请受

理之日起七日内，将行政复议申请书副本或者行政复议申请笔录复印件发送被申请人。被申请人应当自收到申请书副本或者申请笔录复印件之日起十日内，提出书面答复，并提交当初作出具体行政行为的证据、依据和其他有关材料。

申请人、第三人可以查阅被申请人提出的书面答复、作出具体行政行为的证据、依据和其他有关材料，除涉及国家秘密、商业秘密或者个人隐私外，行政复议机关不得拒绝。

205. 公民在行政机关拒不执行行政复议决定时应该怎么办?

生活实例

市国土房管局对王某的房屋进行了错误的登记，王某向市政府申请行政复议。市政府作出行政复议决定，撤销市国土房管局对王某房屋的错误登记，并责令市国土房管局在一定期限内重新登记。请问：市国土房管局拒不执行该行政复议决定，王某应该采取什么措施维护自己的权益呢?

律师讲解

对于行政机关作出的行政复议决定，《行政复议法》第三十二条规定，被申请人应该依法执行。被申请人不履行或者无正当理由拖延履行行政复议决定的，行政复议机关或者有关上级行政机关应当责令其限期履行。本案中，市国土房管局拒不履行市政府的行政复议决定，不对王某的房屋进行重新登记，因此王某可以要求作出行政复议决定的机关即市政府或者有关上级机关依据《行政复议法》的有关规定，责令被申请人限期重新登记。

法条链接

《中华人民共和国行政复议法》

第三十二条 被申请人应当履行行政复议决定。

被申请人不履行或者无正当理由拖延履行行政复议决定的，行政复议机关或者有关上级行政机关应当责令其限期履行。

206. 公民不服行政机关的调解书时，能够提起行政复议吗？

生活实例

天津市红桥区的张女士在参加朋友的婚礼时将自己的车停在饭店的门口，但是当天大风刮掉了广告牌，砸在了张女士的车上，致使车严重受损。张女士在交涉无果的情况下，选择由红桥区公安机关进行民事调解，经过调解员的耐心调解，双方接受了调解的条件，公安机关也作出了行政调解书。饭店向张女士支付了赔偿。但是事后，张女士觉得调解员和饭店的关系有点问题，感到自己在这件事上吃了亏，对这个调解协议不是十分满意。请问：张女士可不可以以公安机关为被申请人申请行政复议？

律师讲解

张女士不可以以公安机关为被申请人申请行政复议。本案中，张女士先是接受了公安机关的调解，但是事后对于公安机关的调解协议不是很满意，想申请行政复议改变这个行政调解书。根据我国《行政复议法》第八条的规定，不服行政机关对民事纠纷作出的调解或者其他处理，可以依法申请仲裁或者向人民法院提起诉讼。从此规定可以看出，张女士只能向仲裁机构申请仲裁或者向人民法院提起民事诉讼。

法条链接

《中华人民共和国行政复议法》

第八条 不服行政机关作出的行政处分或者其他人事处理决定的，依照有关法律、行政法规的规定提出申诉。

不服行政机关对民事纠纷作出的调解或者其他处理，依法申请仲裁或者向人民法院提起诉讼。

207. 行政复议前置的案件有哪些?

生活实例

甲省乙市人民政府决定征用乙市某村全部土地用于建设，甲省人民政府作出了批准乙市在该村征用土地的批复。后来，乙市规划建设局授予丁公司拆迁许可证，决定拆除该村一组住户的房屋。一组住户不服，欲请求救济。请问，如果该村一组住户对该省政府批准乙市在该村征用土地的批复不服，可否直接向人民法院提起诉讼?

律师讲解

根据《行政复议法》和《行政诉讼法》的规定，在行政复议和行政诉讼的衔接关系上，复议选择是原则，复议前置是例外，而且复议前置必须由法律、法规明确规定。根据《最高人民法院关于适用〈行政复议法〉第三十条第一款有关问题的批复》，对确认自然资源的所有权或者使用权的具体行政行为不服的案件属于复议前置的案件。根据《行政复议法》第三十条第一款的规定，公民、法人或者其他组织认为行政机关的具体行政行为侵犯其已经依法取得的土地、矿藏、水流、森林、山岭、草原、荒地、滩涂、海域等自然资源的所有权或者使用权的，应当先申请行政复议；对行政复议决定不服的，可以依法向人民法院提起行政诉讼。所以，如果该村一组住户对于该省政府批准乙市在该村征用土地的批复不服，不可以直接向人民法院提起诉讼。

法条链接

《中华人民共和国行政复议法》

第三十条第一款 公民、法人或者其他组织认为行政机关的具体行政行为侵犯其已经依法取得的土地、矿藏、水流、森林、山岭、草原、荒地、滩涂、海域等自然资源的所有权或者使用权的，应当先申请行政复议；对行政复议决定不服的，可以依法向人民法院提起行政诉讼。

《最高人民法院关于适用〈行政复议法〉第三十条第一款有关问题的批复》

根据《行政复议法》第三十条第一款的规定，公民、法人或者其他组织认为行政机关确认土地、矿藏、水流、森林、山岭、草原、荒地、滩涂、海域等自然资源的所有权或者使用权的具体行政行为，侵犯其已经依法取得的自然资源所有权或者使用权的，经行政复议后，才可以向人民法院提起行政诉讼，但法律另有规定的除外；对涉及自然资源所有权或者使用权的行政处罚、行政强制措施等其他具体行政行为提起行政诉讼的，不适用《行政复议法》第三十条第一款的规定。

三十八、信访

208. 在我国，公民可以通过哪些方式进行信访？

生活实例

某县为完善农村基础设施建设，为村民的生活及出行创造便利条件，县政府决定从县财政支出中，提供足够资金支持农村道路建设，实现村村通公路。修建道路的款项，由县政府根据各村的道路修建情况分配到镇政府，由镇政府统一支配。但是，张村的公路修完后也没收到政府的款项，镇政府说，有些村需要修的道路太长，需要的资金多，县政府拨款有限，所以，已经没有剩余的钱支援张村了。据张村村民了解，县政府的拨款是足额的，不可能出现这种情况，肯定是镇政府扣下了部分款项。村民想通过信访的形式揭露镇政府的非法行为，但是又不知道信访的渠道。那么，张村村民该如何做呢？

律师讲解

在现实生活中，有些群众的合法权益会受到损害，群众为了讨回公道，通常采取信访的方式维权。根据《信访条例》第九条至第十一条的规定，各级人民政府、县级以上人民政府工作部门都会公布信访机构的相关信息及处理程序等相关事宜，同时还会有专门的信访接待制度，这些规定都是为了及时、公开地解决信访事项。本案中，张村村民可以通过邮寄信件、打电话、在网上发送电子信件或者亲自到信访机构等方式反映问题，信访机构对通过这些方式反映的情况进行核实后，会依据不同的情况作出不同的处理。

法条链接

《信访条例》

第九条 各级人民政府、县级以上人民政府工作部门应当向社会公布信访工作机构的通信地址、电子信箱、投诉电话、信访接待的时间和地点、查询信访事项处理进展及结果的方式等相关事项。

各级人民政府、县级以上人民政府工作部门应当在其信访接待场所或者网站公布与信访工作有关的法律、法规、规章，信访事项的处理程序，以及其他为信访人提供便利的相关事项。

第十条 设区的市级、县级人民政府及其工作部门，乡、镇人民政府应当建立行政机关负责人信访接待日制度，由行政机关负责人协调处理信访事项。信访人可以在公布的接待日和接待地点向有关行政机关负责人当面反映信访事项。

县级以上人民政府及其工作部门负责人或者其指定的人员，可以就信访人反映突出的问题到信访人居住地与信访人面谈沟通。

第十一条 国家信访工作机构充分利用现有政务信息网络资源，建立全国信访信息系统，为信访人在当地提出信访事项、查询信访事项办理情况提供便利。

县级以上地方人民政府应当充分利用现有政务信息网络资源，建立或者确定本行政区域的信访信息系统，并与上级人民政府、政府有关部门、下级人民政府的信访信息系统实现互联互通。

209. 公民对村委会的行为不满时，其是否可以提出信访？

生活实例

近几年，我国为了保障农村居民的生活质量，提高农村老年人的生活水平，出台了“符合年龄要求的老年人，每人每月可领取养老金50元”的政策。某村村民李某已经70岁，按照规定可以每月领取养老金，但是村委会总是以上级还没有拨款为由，拒绝发给李某养老金。李某打听了其他符合条件的村民，得知其他人已经按时领取了养老金。李某认为，村委会肯定是故意不给他养老金，但是他领取养老金是正当的，有权享受这一福利。李某得知可以通过信访解决问题，那么，对村委会不发放养老金的行为不满的，可以提出信访吗？

律师讲解

信访人对损害公民合法利益的村民委员会及其成员，可以向有关行政机关提出信访事项，根据我国《信访条例》第十四条的规定，信访人可以对村民委员会、居民委员会及其成员的职务行为向有关机关提出信访事项。本案中，李某按照相关政策的规定，享有每月领取养老金的权利，但是村委会拒绝发放，村委会没有任何正当理由扣压李某的养老金，这是违法行为。所以，李某可以向信访部门反映情况，维护自己的合法权利。

法条链接

《信访条例》

第十四条 信访人对下列组织、人员的职务行为反映情况，提出建议、意见，或者不服下列组织、人员的职务行为，可以向有关行政机关提出信访事项：

（一）行政机关及其工作人员；

（二）法律、法规授权的具有管理公共事务职能的组织及其工作人员；

（三）提供公共服务的企业、事业单位及其工作人员；

（四）社会团体或者其他企业、事业单位中由国家行政机关任命、派出的人员；

（五）村民委员会、居民委员会及其成员。

对依法应当通过诉讼、仲裁、行政复议等法定途径解决的投诉请求，信访人应当依照有关法律、行政法规规定的程序向有关机关提出。

210. 我国法律对于集体信访有哪些规定?

生活实例

某村40多个村民因为村委班子在选举产生新一届村委会前，没有对上一届村委会的账务进行核算清理，使新一届村委会不能处理上一届村委会的有关事务，使得村民补偿款发放遗留问题不能及时解决而要集体到政府去上访。相对理性的村民不愿因为上访事宜违反有关法律而另惹麻烦，就想要先了解一下我国法律对于他们这种集体信访的有关规定。那么，我国法律对于集体信访有哪些规定呢?

律师讲解

根据我国《信访条例》第十八条、第二十条的规定，集体信访采用走访形式的，应当推选代表，代表人数不得超过5人；同时应当遵守法律、法规，不得损害国家、社会、集体的利益和其他公民的合法权利，自觉维护社会公共秩序和信访秩序，不得在国家机关办公场所周围、公共场所非法聚集，围堵、冲击国家机关，拦截公务车辆，或者堵塞、阻断交通；不得携带危险物品、管制器具；不得侮辱、殴打、威胁国家机关工作人员，或者非法限制他人人身自由；不得在信访接待场所滞留、滋事，或者将生活不能自理的人弃留在信访接待场所；不得煽动、串联、胁迫、以财物诱使、幕后操纵他人信访或者以信访为名借机敛财；不得有扰乱公共秩序、妨害国家和公共安全的其他行为。因此，集体信访采用走访形式的，应当推选信访代表，这些代表要严格遵守相关法律，依法上访，否则会承担相应的法律责任；构成犯罪的，则会被依法追究刑事责任。

法条链接

《信访条例》

第十八条 信访人采用走访形式提出信访事项的，应当到有关机关设立或者指定的接待场所提出。

多人采用走访形式提出共同的信访事项的，应当推选代表，代表人数不得超过5人。

第二十条 信访人在信访过程中应当遵守法律、法规，不得损害国家、社会、集体的利益和其他公民的合法权利，自觉维护社会公共秩序和信访秩序，不得有下列行为：

（一）在国家机关办公场所周围、公共场所非法聚集，围堵、冲击国家机关，拦截公务车辆，或者堵塞、阻断交通的；

（二）携带危险物品、管制器具的；

（三）侮辱、殴打、威胁国家机关工作人员，或者非法限制他人人身自由的；

（四）在信访接待场所滞留、滋事，或者将生活不能自理的人弃留在信访接待场所的；

（五）煽动、串联、胁迫、以财物诱使、幕后操纵他人信访或者以信访为名借机敛财的；

（六）扰乱公共秩序、妨害国家和公共安全的其他行为。

211. 将检举材料转交给被揭发人的信访办工作人员将会受到何种处罚？

生活实例

张村得到县里拨的100万元扶贫款作为发展特色果园的资金，此项资金用于果树苗的采购支出、果园技术员的工资支出、果园日常管理支出等。资金到位后，村干部并没有把钱用于果园建设，而是投资成立了一个水泥厂，村干部承诺水泥厂的创收高，保证村民能得到实惠。但是一年后，该水泥厂因销路差亏损严重而被迫停产。村民不但没分到钱反而连工资都被拖欠。村民认为是村干部滥用职权，投资成立水泥厂造成了损失，浪费了资金。于是，村民将村干部的所作所为整理成材料寄到了信访办。信访办的一个工作人员是村干部的朋友，私自将检举材料转交给了村干部。那么，该信访办工作人员的做法合法吗？

律师讲解

信访办的工作人员接收信访材料，是信访事项的处理者，他们应该站在公正的立场处理问题，不应该存有私心。根据我国《信访条例》第二十三条、第四十四条的规定，信访办的工作人员不得将信访材料转发给被揭发的人员或者单位，如有违反，依法给予行政处分。信访工作人员应该严格履行自己的工作职责，恪尽职守，严于律己。本案中，信访办的工作人员没有遵守法律规定，私自将材料告知被揭发人，这种行为是违法的，不利于信访事项的公正解决，应依法对该工作人员予以行政处分。

法条链接

《信访条例》

第二十三条 行政机关及其工作人员不得将信访人的检举、揭发材料及有关情况透露或者转给被检举、揭发的人员或者单位。

第四十四条 行政机关工作人员违反本条例规定，将信访人的检举、揭发材料或者有关情况透露、转给被检举、揭发的人员或者单位的，依法给予行政处分。

行政机关工作人员在处理信访事项过程中，作风粗暴，激化矛盾并造成严重后果的，依法给予行政处分。

212. 公民不服行政机关的信访处理结果，应该怎么办？

生活实例

李某等 34 人系某国有缫丝企业非一线职工，因不满企业以落实国家“做好纺织行业压锭减员分流安置工作”的政策文件，开展缫丝企业压缩工作为名，为他们 34 个非一线职工提前办理了退休手续而进行信访。市行政机关对此出具了关于对某国有缫丝企业“非生产一线职工”信访案的答复，但是李某等 34 人不服行政机关的信访处理结果。请问，他们不服行政机关的信访处理结果，有什么救济途径吗？

律师讲解

根据我国《信访条例》第三十四条、第三十五条的规定，信访人对行政机关作出的信访事项处理意见不服的，可以自收到书面答复之日起 30 日内请求原办理行政机关的上一级行政机关复查；对复查意见不服的，可以自收到书面答复之日起 30 日内向复查机关的上一级行政机关请求复核；信访人对复核意见不服，仍然以同一事实和理由提出投诉请求的，各级人民政府信访工作机构和其他行政机关不再受理。由此可见，李某等 34 人对信访处理结果不服，依法有两次机会获得救济，就是通过向原办理机关的上一级行政机关复查和向复查的上一级行政机关复核。类似法院诉讼的两审终审制度，对信访结果不服的，经过复查、复核，信访救济程序即告终结，信访人仍以同一事实和理由提出的信访将不会再被受理。

法条链接

《信访条例》

第三十四条　信访人对行政机关作出的信访事项处理意见不服的，可以自收到书面答复之日起 30 日内请求原办理行政机关的上一级行政机关复查。收到复查请求的行政机关应当自收到复查请求之日起 30 日内提出复查意见，并予以书面答复。

第三十五条 信访人对复查意见不服的，可以自收到书面答复之日起30日内向复查机关的上一级行政机关请求复核。收到复核请求的行政机关应当自收到复核请求之日起30日内提出复核意见。

复核机关可以按照本条例第三十一条第二款的规定举行听证，经过听证的复核意见可以依法向社会公示。听证所需时间不计算在前款规定的期限内。

信访人对复核意见不服，仍然以同一事实和理由提出投诉请求的，各级人民政府信访工作机构和其他行政机关不再受理。

213. 捏造事实诬告他人的信访人需要承担什么责任?

生活实例

胡某将张某的贿选、破坏民选程序、暗箱操作行为反映到相关的信访机关。经相关机关调查，查明的实际情况是，胡某不满自己的竞争对手张某竞选村委成功，暗自搜罗张某有关情况，自己捏造事实诬告张某。请问，信访人胡某捏造事实诬告他人要承担什么责任?

律师讲解

我国《信访条例》第四十八条规定：“信访人捏造歪曲事实、诬告陷害他人，构成犯罪的，依法追究刑事责任；尚不构成犯罪的，由公安机关依法给予治安管理处罚。”信访人捏造他人违法的事实，向国家机关和有关单位告发，企图诬告陷害他人，不仅会使他人名誉受到损害，甚至会造成更严重的后果。因此，对捏造事实诬告他人的信访人胡某，其构成犯罪的由司法机关追究其刑事责任，尚未构成犯罪的也将由公安机关依法处置。

法条链接

《信访条例》

第四十八条 信访人捏造歪曲事实、诬告陷害他人，构成犯罪的，依法追究刑事责任；尚不构成犯罪的，由公安机关依法给予治安管理处罚。

214. 信访事项是否可以举行听证？

生活实例

某村村民韩某信访，反映村支部书记违法违纪。他对村支部书记违法乱批土地、贪污集体土地征用款等三个方面问题进行了反映。因事情波及甚广，在本地引起了不小的波动。信访处理机关告知韩某等民众，将对其信访事宜举行听证，要韩某到时参加。信访事项也能举行听证吗？

律师讲解

信访也能举行听证，信访听证对规范信访秩序、推动信访法制建设、维护群众合法权益具有重要意义。我国《信访条例》第三十一条第二款规定："对重大、复杂、疑难的信访事项，可以举行听证。听证应当公开举行，通过质询、辩论、评议、合议等方式，查明事实，分清责任。听证范围、主持人、参加人、程序等由省、自治区、直辖市人民政府规定。"由此可见，信访事项可以举行听证，但举行听证的范围是有限制的，只针对重大、复杂、疑难的信访事项。此外，听证不是有权机关处理信访事项的必经程序，是由有权机关裁量决定的。韩某信访的事项关涉当地群众的重大利益，影响比较广，有权机关是可以决定举行听证的。

法条链接

《信访条例》

第三十一条　对信访事项有权处理的行政机关办理信访事项，应当听取信访人陈述事实和理由；必要时可以要求信访人、有关组织和人员说明情况；需要进一步核实有关情况的，可以向其他组织和人员调查。

对重大、复杂、疑难的信访事项，可以举行听证。听证应当公开举行，通过质询、辩论、评议、合议等方式，查明事实，分清责任。听证范围、主持人、参加人、程序等由省、自治区、直辖市人民政府规定。

三十九、公证

215. 公司章程是否可以进行公证?

生活实例

方某、蒋某、林某三人组织成立一家有限责任公司，三人共同起草了公司章程。林某提出将公司章程进行公证，以免日后出现不必要的麻烦。方某认为公司章程是公司的内部文件，不能拿到公证机关公证。那么，公司的章程能到公证机关公证吗?

律师讲解

公证是公证机构根据自然人、法人或者其他组织的申请，依照法定程序对民事法律行为、有法律意义的事实和文书的真实性、合法性予以证明的活动。公证是国家预防纠纷、维护法制、巩固法律秩序的一种司法手段。公证发生在民事争议之前，对法律行为和有法律意义的文书、事实的真实性和合法性给予认可，借以防止纠纷，减少诉讼，并不能为当事人解决争议。根据《公证法》第十一条的规定，合同、继承、委托、声明、赠与、遗嘱、招标投标、拍卖、公司章程、保全证据等都可以办理公证。公司章程虽是公司内部的文件，但是依法可以公证，对公司章程进行公证，可以避免日后可能发生的争议。申请公司章程公证应提交下列文件：（1）各投资者的身份证明；（2）市场监督管理局签发的企业法人营业执照；（3）有关公司经营场地、资金、招工等的证明；（4）章程文本若干份。

法条链接

《中华人民共和国公证法》

第十一条 根据自然人、法人或者其他组织的申请，公证机构办理下列公证事项：

（一）合同；

（二）继承；

（三）委托、声明、赠与、遗嘱；

（四）财产分割；

（五）招标投标、拍卖；

（六）婚姻状况、亲属关系、收养关系；

（七）出生、生存、死亡、身份、经历、学历、学位、职务、职称、有无违法犯罪记录；

（八）公司章程；

（九）保全证据；

（十）文书上的签名、印鉴、日期，文书的副本、影印本与原本相符；

（十一）自然人、法人或者其他组织自愿申请办理的其他公证事项。

法律、行政法规规定应当公证的事项，有关自然人、法人或者其他组织应当向公证机构申请办理公证。

216. 公证员为自己家人办理公证的行为合法吗？

生活实例

张某是某机关的退休干部，去年经朋友介绍认识了52岁的退休职工王女士。经过一段时间的交流，两人觉得彼此不错，就有了结婚的想法。但是存在很多顾虑，比如各自的财产怎么分配，在谁家生活，等等。两位老人对财产并不十分在意，可他们的儿女却要对各方老人的财产分个清楚，免得以后因财产发生纠纷，上法庭打官司。因达不成统一意见，两个老人的婚事只好一拖再拖。后张某了解到有“婚前财产公证”这么一说，再加上儿子小陈就在市里的公证处当公证员，想着可以让儿子给办理个婚前财产公证，解决目前的尴尬，好早一天结婚。那么，张某可以让他的儿子办理婚前财产公证吗？

律师讲解

张某不能让他的儿子办理婚前财产公证。婚前财产公证是我国近几年新开办的一项业务，属于财产公证的一种。根据我国《公证法》第二十三条的规定，公证员不得为本人及近亲属办理公证或者办理与本人及近亲属有利害关系的公证。小陈和张某属于近亲属，故张某不能让他的儿子为他办理公证。

我国《公证法》第四十一条规定：“公证机构及其公证员有下列行为之一的，由省、自治区、直辖市或者设区的市人民政府司法行政部门给予警告；情节严重的，对公证机构处一万元以上五万元以下罚款，对公证员处一千元以上五千元以下罚款，并可以给予三个月以上六个月以下停止执业的处罚；有违法所得的，没收违法所得：……（五）为本人及近亲属办理公证或者办理与本人及近亲属有利害关系的公证的；……”据此，小陈如为其父亲办理婚前财产公证，将会受到法律的惩罚。

法条链接

《中华人民共和国公证法》

第二十三条 公证员不得有下列行为：

……

（三）为本人及近亲属办理公证或者办理与本人及近亲属有利害关系的公证；

……

（九）法律、法规、国务院司法行政部门规定禁止的其他行为。

第四十一条 公证机构及其公证员有下列行为之一的，由省、自治区、直辖市或者设区的市人民政府司法行政部门给予警告；情节严重的，对公证机构处一万元以上五万元以下罚款，对公证员处一千元以上五千元以下罚款，并可以给予三个月以上六个月以下停止执业的处罚；有违法所得的，没收违法所得：

……

（五）为本人及近亲属办理公证或者办理与本人及近亲属有利害关系的公证的；

……

217. 对于当事人之间有争议的事项，公证处会给办理公证吗？

生活实例

一个群山环绕、树木苍郁的小山村里，几乎家家户户都持有林权证，村民世世代代靠种果树为生。今年，村民邓某持身份证、父亲的死亡证明、户口簿、林权证、父亲生前签订的《山林承包合同》原件等材料，来到市公证处要求申办林权继承公证，欲将父亲名下的果树及林地承包权平均分给3个兄弟，母亲及出嫁的2个姐妹不分。经了解，邓某的父亲已死亡，母亲陈某健在。邓家有3个儿子、2个女儿。而邓某此次办理公证并没有和其他兄弟姐妹协议商量好。那么，这样的分配方案是否符合有关法律规定？邓某没有就公证事项和兄弟姐妹商量好就去办理公证，公证处会给办理吗？

律师讲解

邓某要公证的财产分配方案显然不符合法律的规定。另外，邓某没有就公证事项和兄弟姐妹商量好就去办理公证，公证处不会给他办理。案例中，母亲陈某作为父亲的配偶，是财产的共同所有人，其他兄弟姐妹是父亲财产的第一顺序继承人，他们都是父亲财产的合法继承人，有权决定财产的分配。我国《农村土地承包法》第三十二条第一款规定：“承包人应得的承包收益，依照继承法[1]的规定继承。”承包人父亲死亡，母亲陈某和其他兄弟姐妹都是承包收益的合法继承人。此外，根据我国《公证法》第三十一条的规定，当

1 现应为《中华人民共和国民法典》继承编。

事人之间对申请公证的事项有争议的，公证机构不予办理公证。因此，邓某申办林权继承公证不经过母亲和其他兄弟姐妹的同意，公证处是不会为他办理公证的。

法条链接

《中华人民共和国公证法》

第三十一条 有下列情形之一的，公证机构不予办理公证：

……

（四）当事人之间对申请公证的事项有争议的；

……

《中华人民共和国农村土地承包法》

第三十二条第一款 承包人应得的承包收益，依照继承法[1]的规定继承。

218. 当事人是否需要交纳公证费用？

生活实例

一天，刘女士来到所在县的公证处咨询。原来她是该县张家庄的村民，丈夫去年10月突然脑出血不治身亡，家里的积蓄都在丈夫的名下存着。当时因为家里办丧事，比较乱，存折找不到了。现在儿子上大学急需用钱，刘女士先后到银行取了好几次，业务员都告诉她，没有存折不给查询，也不能取款。她实在不知道该怎么办了，就抱着试一试的心态来公证处打听一下，看看能不能办理。那么，如果需要公证，是否会收费？

律师讲解

刘女士可以在办理继承权公证后，拿着公证书到银行取款。办理继承权公

1 现应为《中华人民共和国民法典》继承编。

证需要出具与被继承人的亲属关系证明、财产权证明、死亡证明、身份证明等文件。另外，根据我国《公证法》第三十一条及第三十四条的规定，当事人办理公证，应当按照规定支付公证费。当事人拒绝按照规定支付公证费的，公证机构不予办理公证。同时，对符合法律援助条件的当事人，公证机构应当按照规定减免公证费。因此，刘女士应该交纳一定的公证费，若符合法律援助条件，公证员可以根据法律规定为其减免部分公证费。

法条链接

《中华人民共和国公证法》

第三十一条　有下列情形之一的，公证机构不予办理公证：

……

（九）当事人拒绝按照规定支付公证费的。

第三十四条　当事人应当按照规定支付公证费。

对符合法律援助条件的当事人，公证机构应当按照规定减免公证费。

219. 在公证书出现错误时应当如何处理?

生活实例

甲公司将其与乙公司的购销合同进行公证，甲公司总经理发现公证书与合同内容不符，公证书内容明显对乙公司有利。乙公司要求以公证书为准履行合同，甲公司不同意。甲公司欲对公证处的失误行为提起行政诉讼。请问，可以对有误的公证书提起行政诉讼吗?

律师讲解

《公证法》第二条规定："公证是公证机构根据自然人、法人或者其他组织的申请，依照法定程序对民事法律行为、有法律意义的事实和文书的真实性、合法性予以证明的活动。"显然公证行为不是具体行政行为，不属于行政案件的受案范围，甲公司不能对公证处提起行政诉讼。《公证法》第三十九条还规定：“当事人、公证事项的利害关系人认为公证书有错误的，可以向出具该公证书的公证机构提出复查。公证书的内容违法或者与事实不符的，公证机构应当撤销该公证书并予以公告，该公证书自始无效；公证书有其他错误的，公证机构应当予以更正。”甲公司可以就此公证书向公证机关要求复查，公证机关会根据具体情况进行合法处理。

法条链接

《中华人民共和国公证法》

第二条 公证是公证机构根据自然人、法人或者其他组织的申请，依照法定程序对民事法律行为、有法律意义的事实和文书的真实性、合法性予以证明的活动。

第三十九条 当事人、公证事项的利害关系人认为公证书有错误的，可以向出具该公证书的公证机构提出复查。公证书的内容违法或者与事实不符的，公证机构应当撤销该公证书并予以公告，该公证书自始无效；公证书有其他错误的，公证机构应当予以更正。

220. 公证行为造成的损失，公民是否可以要求公证处承担赔偿责任？

生活实例

陈老和张老太都是年近七旬的退休职工，育有一子陈某。陈某整天不务正业，嗜赌成性，欠了很多赌债。为了还清赌债，陈某偷走了家里的房产证、老两口的身份证及户口簿等证件，还请人伪造签名，到北京市某公证处办理了委托出售房屋的公证。后陈某将房屋低价卖给他人，致使亲生父母无家可归。陈老认为公证处对此事负有不可推卸的责任，遂将其告上法庭要求赔偿。那么，他们可以要求公证处赔偿吗？

律师讲解

本案中，公证处的工作人员对公证事项没有进行严格审查，对损害结果的发生存在重大过失。我国《公证法》第四十三条第一款规定："公证机构及其公证员因过错给当事人、公证事项的利害关系人造成损失的，由公证机构承担相应的赔偿责任；公证机构赔偿后，可以向有故意或者重大过失的公证员追偿。"因此，对于因公证机构的过失给相关人员造成的损失，当事人可以要求公证机构给予相应的赔偿。案例中陈老的做法是可行的。

法条链接

《中华人民共和国公证法》

第四十三条第一款　公证机构及其公证员因过错给当事人、公证事项的利害关系人造成损失的，由公证机构承担相应的赔偿责任；公证机构赔偿后，可以向有故意或者重大过失的公证员追偿。

四十、国家赔偿

221. 公安局赔偿公安人员抓坏人时损坏的企业财产，是国家赔偿吗？

生活实例

某公安局警察在驾车追捕抢劫犯时，汽车冲出马路，径直冲进一加工厂的车间，造成经济损失6000元。事后，公安局派人前来维修，并赔偿该加工厂1000元。请问，该赔偿是国家赔偿吗？

律师讲解

国家赔偿，又称国家侵权损害赔偿，是由国家对于行使公权力的侵权行为造成的损害后果承担赔偿责任的活动。该案中警察虽给加工厂造成了一定的经济损失，但是他并不是故意侵权所为，属于行政补偿。行政补偿是指国家行政机关及其工作人员在管理国家和社会公共事务的过程中，因合法的行政行为给公民、法人或其他组织的合法权益造成了损失，由国家依法予以补偿的制度。警察抓抢劫犯是合法的行政行为，不属于《国家赔偿法》规定的国家赔偿。

法条链接

《中华人民共和国国家赔偿法》

第二条 国家机关和国家机关工作人员行使职权，有本法规定的侵犯公民、法人和其他组织合法权益的情形，造成损害的，受害人有依照本法取得国家赔偿的权利。

本法规定的赔偿义务机关，应当依照本法及时履行赔偿义务。

222. 公民的人身权和财产权遭国家工作人员侵害，其是否可以要求国家赔偿?

生活实例

一日，县交通局的执法人员范某在整顿客运市场秩序的执法过程中，滥用职权致使乘坐在非法营运车辆上的孕妇姚某重伤，并造成另一乘客张某存放在该车上的彩色电视机毁损，检察机关对范某提起公诉。那么，姚某和张某应如何维护自己的合法权益呢?

律师讲解

根据《国家赔偿法》第三条和第四条的规定，行政部机关和行政部机关工作人员违法行使职权侵犯公民、法人和其他组织的合法权益造成损害的，受害人有依照本法取得国家赔偿的权利。行政机关及其工作人员在行使职权时违法造成公民人身伤害或者财产损害的，应该承担行政赔偿责任。本案中县交通局的执法人员范某在执法过程中滥用职权，既造成了人身伤害又造成了财产损害，因此行政机关应该承担行政赔偿责任。根据《国家赔偿法》第七条第一款的规定，行政机关及其工作人员行使行政职权侵犯公民、法人和其他组织的合法权益造成损害的，该行政机关为赔偿义务机关。本案中县交通局是赔偿义务机关，姚某和张某可以向县交通局提出行政赔偿请求。

法条链接

《中华人民共和国国家赔偿法》

第三条 行政机关及其工作人员在行使行政职权时有下列侵犯人身权情形之一的，受害人有取得赔偿的权利：

……

（五）造成公民身体伤害或者死亡的其他违法行为。

第四条 行政机关及其工作人员在行使行政职权时有下列侵犯财产权情形之一的，受害人有取得赔偿的权利：

……

（四）造成财产损害的其他违法行为。

第七条第一款 行政机关及其工作人员行使行政职权侵犯公民、法人和其他组织的合法权益造成损害的，该行政机关为赔偿义务机关。

223. 国家赔偿的诉讼时效是多长时间？

生活实例

某公司收到县市场监督管理局行政处罚听证告知书，经理梁某到市场监督管理局要求听证时，因与工作人员发生争执而受伤，经法医鉴定为轻伤。市场监督管理局支付了第一次手术费，但不肯支付第二次手术费。梁某伤好之后，向法院起诉，法院以其起诉超过诉讼时效为由裁定不予受理。那么，国家赔偿诉讼时效是多长时间？

律师讲解

《国家赔偿法》第三十九条第一款规定："赔偿请求人请求国家赔偿的时效为两年，自其知道或者应当知道国家机关及其工作人员行使职权时的行为侵犯其人身权、财产权之日起计算，但被羁押等限制人身自由期间不计算在内。在申请行政复议或者提起行政诉讼时一并提出赔偿请求的，适用行政复议法、行政诉讼法有关时效的规定。"本案中，市场监督管理局工作人员在行使行政职权时造成经理梁某身体伤害，市场监督管理局应依法确认该行为违法并给予赔偿。该公司及梁某可以根据《国家赔偿法》第十三条的规定先向市场监督管理局提出赔偿申请，看看是不是能尽快完成赔偿事宜。当然其也可以在申请行政复议和提起行政诉讼中一并提出国家赔偿，而诉讼请求国家赔偿的时效为 2 年。

法条链接

《中华人民共和国国家赔偿法》

第十三条 赔偿义务机关应当自收到申请之日起两个月内，作出是否赔偿的决定。赔偿义务机关作出赔偿决定，应当充分听取赔偿请求人的意见，并可以与赔偿请求人就赔偿方式、赔偿项目和赔偿数额依照本法第四章的规定进行协商。

赔偿义务机关决定赔偿的，应当制作赔偿决定书，并自作出决定之日起十日内送达赔偿请求人。

赔偿义务机关决定不予赔偿的，应当自作出决定之日起十日内书面通知赔偿请求人，并说明不予赔偿的理由。

第三十九条 赔偿请求人请求国家赔偿的时效为两年，自其知道或者应当知道国家机关及其工作人员行使职权时的行为侵犯其人身权、财产权之日起计算，但被羁押等限制人身自由期间不计算在内。在申请行政复议或者提起行政诉讼时一并提出赔偿请求的，适用行政复议法、行政诉讼法有关时效的规定。

赔偿请求人在赔偿请求时效的最后六个月内，因不可抗力或者其他障碍不能行使请求权的，时效中止。从中止时效的原因消除之日起，赔偿请求时效期间继续计算。

224. 因人民法院违规执行给企业造成损失，企业是否有权要求法院承担赔偿责任？

生活实例

某厂因欠款纠纷一案，被县人民法院先后两次采取强制措施执行了部分财产。但法院超越执行标的强行扣押执行该厂必要的生产工具，使其生产经营陷入困境。该厂认为法院侵犯了其合法权益，要求法院赔偿因此造成的一切损失。那么，人民法院违反规定强制执行给企业造成损失，企业可以要求赔偿吗？

律师讲解

《国家赔偿法》第十八条规定，行使侦查、检察、审判、监狱管理职权的机关及其工作人员在行使职权时，违法对财产采取查封、扣押、冻结、追缴等措施的，受害人有取得赔偿的权利。即司法机关包括公安机关、检察机关、人民法院，在行使司法权时违法采用措施的，受害人可以要求国家赔偿。该厂因欠款纠纷一案，县人民法院采取强制措施执行部分财产，但法院超越执行标的强行扣押执行该厂必要的生产工具，侵犯了其合法权益，该厂可以要求人民法院赔偿其经济损失。

法条链接

《中华人民共和国国家赔偿法》

第十八条 行使侦查、检察、审判职权的机关以及看守所、监狱管理机关及其工作人员在行使职权时有下列侵犯财产权情形之一的，受害人有取得赔偿的权利：

（一）违法对财产采取查封、扣押、冻结、追缴等措施的；

（二）依照审判监督程序再审改判无罪，原判罚金、没收财产已经执行的。

225. 被错误判刑的公民是否可以请求国家赔偿？

生活实例

陈某涉嫌盗窃罪被检察院批准将其逮捕。县法院依法审判后判决陈某盗窃罪成立，判处有期徒刑3年。陈某不服，向市中级人民法院提起上诉，二审法院维持原判。在陈某的有期徒刑执行两年的时候，检察机关发现该起盗窃案另有其人，后陈某申请再审，再审改判无罪。那么，陈某该如何维护自己的合法权益呢？

律师讲解

本案是一起典型的刑事赔偿案件。根据《国家赔偿法》第二十一条的规定，再审改判无罪的，作出原生效判决的人民法院为赔偿义务机关。因此，陈某可以按法定程序要求市中级人民法院承担赔偿责任。

法条链接

《中华人民共和国国家赔偿法》

第二十一条 行使侦查、检察、审判职权的机关以及看守所、监狱管理机关及其工作人员在行使职权时侵犯公民、法人和其他组织的合法权益造成损害的，该机关为赔偿义务机关。

对公民采取拘留措施，依照本法的规定应当给予国家赔偿的，作出拘留决定的机关为赔偿义务机关。

对公民采取逮捕措施后决定撤销案件、不起诉或者判决宣告无罪的，作出逮捕决定的机关为赔偿义务机关。

再审改判无罪的，作出原生效判决的人民法院为赔偿义务机关。二审改判无罪，以及二审发回重审后作无罪处理的，作出一审有罪判决的人民法院为赔偿义务机关。

226. 公民的财产权遭受损害的，何种财产损失可以请求国家赔偿？

生活实例

县市场监督管理部门以办理营业执照存在问题为由，查封了张某开办的美容院。查封时，市场监督管理人员将美容院的窗户、仪器损毁。张某向法院起诉，法院撤销了市场监督管理部门的查封决定。张某向有关机关提出了以下赔偿请求：第一，张某因美容院被查封损坏心情郁结而生病支付的医疗费；第二，美容院被损坏仪器及窗户所需的修复费用；第三，美容院被查封停业期间必要的经常性费用开支；第四，张某根据前一个月的利润计算出的被查封期间的利润损失。那么，张某的哪些赔偿请求可以得到支持呢？

律师讲解

根据《国家赔偿法》第三十六条的规定，因国家机关的违法行为造成公民、法人或者其他组织财产损坏的，应该对直接损失予以赔偿。所谓直接损失是指由于国家机关的违法行为直接造成的损失。在本案当中，国家机关的违法行为造成美容院仪器及窗户损坏，对此项损害的修理费用是直接损失。美容院被查封期间的经常性的费用也是直接损失。有关国家机关对这两项费用应该赔偿。至于张某生病的费用，以及预计的可得利益的损失不是直接损失，国家机关不承担赔偿责任。

法条链接

《中华人民共和国国家赔偿法》

第三十六条 侵犯公民、法人和其他组织的财产权造成损害的，按照下列规定处理：

（一）处罚款、罚金、追缴、没收财产或者违法征收、征用财产的，返还财产；

（二）查封、扣押、冻结财产的，解除对财产的查封、扣押、冻结，造成财产损坏或者灭失的，依照本条第三项、第四项的规定赔偿；

（三）应当返还的财产损坏的，能够恢复原状的恢复原状，不能恢复原状的，按照损害程度给付相应的赔偿金；

（四）应当返还的财产灭失的，给付相应的赔偿金；

（五）财产已经拍卖或者变卖的，给付拍卖或者变卖所得的价款；变卖的价款明显低于财产价值的，应当支付相应的赔偿金；

（六）吊销许可证和执照、责令停产停业的，赔偿停产停业期间必要的经常性费用开支；

（七）返还执行的罚款或者罚金、追缴或者没收的金钱，解除冻结的存款或者汇款的，应当支付银行同期存款利息；

（八）对财产权造成其他损害的，按照直接损失给予赔偿。

第九章　民事纠纷解决法律常识

四十一、和解和调解

227. 当事人在庭前达成和解后是否可以撤诉？

生活实例

陈某在正常驾驶过程中与无证驾驶摩托车的姚某发生碰撞，交通运输部门认定本次交通事故的主要责任由姚某承担。双方因事故赔偿数额发生争议，陈某起诉至法院。法院立案后，姚某不想把事情闹大，便找到陈某商谈此事。经过协商，双方最终达成和解协议。请问：双方庭前自行和解的，陈某可以提出撤诉吗？

律师讲解

陈某可以提出撤诉。根据《民事诉讼法》第五十条的规定，民事诉讼主体在民事诉讼中享有自行和解权。民事诉讼和解，是指双方当事人在民事审判程序和民事执行程序中自行协助、达成协议、较为平和地解决纠纷的权利。诉讼是为了解决争议才进行的法律审判程序。当争议已经解决，那么已经启动的诉讼程序就没有存在的必要性了。本案中，陈某与姚某自行和解，从而达成协议，很平和地解决了矛盾。既然矛盾已经解决，原告当然可以撤诉了。事实上，法院很希望当事人之间能够协商解决问题。

法条链接

《中华人民共和国民事诉讼法》

第五十条 双方当事人可以自行和解。

第五十一条 原告可以放弃或者变更诉讼请求。被告可以承认或者反驳诉讼请求，有权提起反诉。

228. 达成执行和解但一方未完全履行和解协议，对方应当怎么办?

生活实例

陆某因购买生产设备，向朋友杨某借了3万元，答应一年后返还。但是一年后陆某以各种借口不还钱，杨某将其告至法院，法院判决陆某支付杨某本息共3.3万元。后来杨某申请执行，在执行过程中，陆某与杨某达成和解：陆某在一个月内支付2万元，剩下1.3万元以设备抵销。后陆某只将生产设备抵给杨某，并没有支付所欠2万元。那么，此时杨某应该怎么办?

律师讲解

杨某可以向法院申请恢复执行剩下的2万元。本案涉及执行和解，所谓执行和解，是指在执行过程中双方自愿协商达成协议，变更原生效法律文书所确定的履行义务的主体、标的物、数额、履行方式或期限等。达成执行和解只需要双方当事人协商一致即可，不需要法院的同意，这不同于执行担保，执行担保除了双方同意外还要取得法院的同意。根据《民事诉讼法》第二百三十条的规定，双方达成和解协议后，如果一方不履行和解协议，另一方可以申请法院恢复执行原来的生效判决，而不是请求法院执行和解协议。如果一方已经履行一部分，则法院在执行生效判决时可以将该部分扣除。因此本案，陆某只履行了部分和解协议，杨某可以请求法院恢复执行原判决，但是对于已经履行的1.3万元的设备，应该从中扣除，法院只能对陆某执行剩下的2万元。

法条链接

《中华人民共和国民事诉讼法》

第二百三十条　在执行中，双方当事人自行和解达成协议的，执行员应当将协议内容记入笔录，由双方当事人签名或者盖章。

申请执行人因受欺诈、胁迫与被执行人达成和解协议，或者当事人不履行和解协议的，人民法院可以根据当事人的申请，恢复对原生效法律文书的执行。

229. 庭审中，是否可以使用调解时对方当事人认可的证据?

生活实例

程某从某公司离职后，因涉嫌泄露公司机密被该公司要求赔偿。公司掌握其与竞品公司负责人交易的照片，因为只有背影，程某对此不承认。但后来在法庭调解过程中，程某为了达成调解协议，承认该照片确实是自己，但只同意给该公司5万元的赔偿金，公司不同意，调解失败。后来在庭审时，该公司指证说程某自己认可了该照片的真实性。请问，当事人在调解时认可的证据可以在庭审中使用吗?

律师讲解

程某在调解过程中所认可的证据不得在以后庭审中作为对其不利的证据。也就是说，程某所认可的那张照片的事实不能在庭审中作为程某泄露公司机密的证据。公司若想证明程某泄露公司机密，就必须重新找证据证明。法律之所以如此规定，是为了鼓励诉讼当事人在诉讼中达成调解，而要达成调解就必须双方让步，有时候当事人可能为了达成调解会承认一些对自己不利的证据。但是如果调解失败该证据还能用于庭审中作为对当事人不利的证据的话，就会让当事人在调解中瞻前顾后，谁都不敢对事实作出承认，调解就无法进行了。因此，法律禁止调解中当事人承认的事实在以后诉讼中作为对其不利的证据，这是法律公正的体现，也是保证调解顺利进行的一项措施。

法条链接

《最高人民法院关于适用〈中华人民共和国民事诉讼法〉的解释》

第一百零七条 在诉讼中，当事人为达成调解协议或者和解协议作出妥协而认可的事实，不得在后续的诉讼中作为对其不利的根据，但法律另有规定或者当事人均同意的除外。

230. 经过人民调解委员会调解无法达成协议的，公民应该怎么办?

生活实例

贾先生家住某小区顶楼。因贾先生酷爱养花，家中阳台上养满了绿色植物。一天早上，贾先生修剪花枝的时候不小心碰到花盆，花盆直接从六楼掉下去，碰巧砸到一楼李先生新买的车子顶部，双方就赔偿问题发生纠纷。小区居委会工作人员多次调解未果。请问，经过人民调解委员会调解但是仍然不能达成协议的，应该怎么解决?

律师讲解

根据《人民调解法》第二十六条规定:“人民调解员调解纠纷，调解不成的，应当终止调解，并依据有关法律、法规的规定，告知当事人可以依法通过仲裁、行政、司法等途径维护自己的权利。”人民调解制度是通过人民群众自我教育、自我管理、自我服务，化解自己内部矛盾纠纷的一种方式，并不是一种必经的程序。况且，人民调解委员会介入调解民事纠纷前要经过双方当事人的同意才可以。

法条链接

《中华人民共和国人民调解法》

第二十条 人民调解员根据调解纠纷的需要，在征得当事人的同意后，可以邀请当事人的亲属、邻里、同事等参与调解，也可以邀请具有专门知识、特定经验的人员或者有关社会组织的人员参与调解。

人民调解委员会支持当地公道正派、热心调解、群众认可的社会人士参与调解。

第二十六条 人民调解员调解纠纷，调解不成的，应当终止调解，并依据有关法律、法规的规定，告知当事人可以依法通过仲裁、行政、司法等途径维护自己的权利。

四十二、民事诉讼

231. 未成年人可以作为原告提起诉讼吗?

生活实例

周六上午，10 岁的多多与其母亲王某去超市购物。在回家的途中，多多被刘某驾驶的无牌无照摩托车撞伤，王某未受伤。王某将多多送往医院治疗，医疗费花费了 3 万元。后该事故经交警大队认定为刘某负全部责任，王某及多多无责任。事故发生后，刘某没有为多多垫付任何费用，因此王某决定起诉刘某索要赔偿。那么，王某和多多谁是原告呢?

律师讲解

我国《民事诉讼法》第五十七条规定，无诉讼行为能力人由他的监护人作为法定代理人代为诉讼。由此可知，多多的母亲是多多的法定诉讼代理人，可以代替多多行使诉讼权利，但本案的原告应是多多。法定的诉讼代理人，是指依照法律规定代理无诉讼行为能力人的当事人进行民事诉讼的人。无诉讼行为能力人由他的监护人作为法定代理人代为诉讼。本案中，多多是未成年人，其人身权受到侵害，但没有参与诉讼的能力。多多的母亲王某是法定的诉讼代理人，可以代多多提起诉讼，但她在诉讼中的地位是法定代理人，而非原告。

法条链接

《中华人民共和国民事诉讼法》

第五十七条 无诉讼行为能力人由他的监护人作为法定代理人代为诉讼。法定代理人之间互相推诿代理责任的，由人民法院指定其中一人代为诉讼。

232. 第三人是否有权代他人提起民事诉讼?

生活实例

去年，吴某与郝某登记结婚，婚后二人因性格不合经常生气吵架。一日，吴某的表姐白某，无意间看到郝某与一陌生女子亲密地逛街。白某便将这一情况告知了吴某。后在吴某的追问下，郝某不仅承认了其出轨行为，还索性与第三者住到一起。吴某天天以泪洗面，萎靡消沉。白某实在不忍吴某继续这样下去，便打算代吴某向郝某提起离婚诉讼。那么，白某作为第三人有权利代吴某提起诉讼吗?

律师讲解

白某没有权利代吴某提起诉讼。民事纠纷的存在是较为广泛的，如果不设定民事诉讼的起诉条件，那么可能会出现一群人参与诉讼的混乱局面，也可能有人随便找个理由就去提起民事诉讼，故意捣乱，造成不必要的麻烦。因此，根据我国《民事诉讼法》第一百一十九条的规定，起诉者必须与案件有直接利害关系。

本案中，吴某与郝某之间的感情纠纷，与白某没有关系。我国法律也没有规定，与案件完全没有关系的人可以就此案提起诉讼。因此，即使要提起诉讼，也必须由吴某自己去，毕竟吴某才是与本案有直接利害关系的人。

法条链接

《中华人民共和国民事诉讼法》

第一百一十九条　起诉必须符合下列条件：

（一）原告是与本案有直接利害关系的公民、法人和其他组织；

（二）有明确的被告；

（三）有具体的诉讼请求和事实、理由；

（四）属于人民法院受理民事诉讼的范围和受诉人民法院管辖。

233. 侵权纠纷案件的管辖法院如何确定？

生活实例

春节期间，邓某带丈夫孩子回沧州娘家探亲。刚到娘家门口，邓某及其孩子就被邻居刘某家的狗咬伤，随即被家人送往当地医院治疗。邻居刘某知道此情况后，却避而不见。邓某及家人气愤之余就打算对刘某提起侵权诉讼。那么，侵权纠纷案件应该由哪个法院管辖呢？

律师讲解

邓某应向沧州地区法院起诉。这是地域管辖的一种特殊情况，即因侵权行为提起的诉讼，根据《民事诉讼法》第二十八条的规定，此类案件由侵权行为地或者被告住所地人民法院管辖。侵权行为地，是指构成侵权行为的法律事实所在地，包括侵权行为实施地和侵权结果发生地。通常情况下，侵权行为实施地和侵权结果发生地是一致的，但是也有例外情况。如果侵权行为与侵权结果不在同一地点，则两地的法院都有管辖权。

本案中，侵权行为发生地在沧州，侵权结果发生地也在沧州。因此，沧州当地的法院依法对此案有管辖权，邓某应向沧州地区有管辖权的法院提起诉讼。

法条链接

《中华人民共和国民事诉讼法》

第二十八条 因侵权行为提起的诉讼，由侵权行为地或者被告住所地人民法院管辖。

234. 法官与对方当事人是近亲属时，应怎样保证审判的公正?

生活实例

沈某与高某因宅基地归属发生纠纷，沈某将高某诉至县法院，要求确认争议宅基地归沈某所有。县法院受理该案，并确定了开庭日期。在开庭前期，沈某无意间得知办案法官中有高某的表兄。那么，当法官与高某是近亲属时，怎样才能保证审判的公正呢?

律师讲解

沈某应当向法院提出申请，要求与案件有关的人员回避。根据我国《民事诉讼法》第四十四条的规定，回避制度，是指审判人员及其他有关人员，遇到法律规定的回避情形时，退出对某一具体案件的审理或退出诉讼活动的制度，这是为了保证案件审判的公正。

本案中，某县法院依法审理沈某诉高某一案，而高某是办理此案件法官的表弟，尽管公正廉明是司法机关工作人员的职业操守，但是，在实践当中，类似本案的这种情况，若继续审理，很有可能显失公平，对沈某不利。因此，沈某应该要求与案件当事人有关系的人回避。

法条链接

《中华人民共和国民事诉讼法》

第四十四条　审判人员有下列情形之一的，应当自行回避，当事人有权用口头或者书面方式申请他们回避：

（一）是本案当事人或者当事人、诉讼代理人近亲属的；

（二）与本案有利害关系的；

（三）与本案当事人、诉讼代理人有其他关系，可能影响对案件公正审理的。

审判人员接受当事人、诉讼代理人请客送礼，或者违反规定会见当事人、诉讼代理人的，当事人有权要求他们回避。

审判人员有前款规定的行为的，应当依法追究法律责任。

前三款规定，适用于书记员、翻译人员、鉴定人、勘验人。

235. 不服一审判决，当事人应向哪个法院提出上诉？

生活实例

某日，米某下班回家途中将张某撞伤。随后张某将米某诉至法院，要求米某赔偿因交通事故给其造成的损失。米某不服一审判决中对赔偿数额的认定，于是打算上诉。那么，她应该向哪个法院提出上诉请求呢？

律师讲解

根据《民事诉讼法》第一百六十六条的规定，上诉应该通过原审法院提出。比如，一审如果是在县一级的基层法院审理的话，上诉就要先将上诉状提交一审法院，而不是直接将上诉状交给二审法院。如果将上诉状直接提交到二审法院的，二审法院应当在5日内将上诉状移交一审人民法院。这是因为上诉人提交上诉状之后，一审法院要通知对方当事人，并在对方当事人提交答辩状之后将上诉状、答辩状连同全部卷宗和证据报送二审人民法院。因此向哪个法院提起上诉和向哪个法院提交上诉状是不同的。上诉必须要提交上诉状，即必须以书面形式提出。上诉人在提交上诉状的同时还要按照对方当事人或者代表人的人数提交上诉状副本。

法条链接

《中华人民共和国民事诉讼法》

第一百六十六条 上诉状应当通过原审人民法院提出，并按照对方当事人或者代表人的人数提出副本。

当事人直接向第二审人民法院上诉的，第二审人民法院应当在五日内将上诉状移交原审人民法院。

四十三、仲裁

236. 当事人向市场监督管理局申请变更登记而未获得批准，其是否可以申请仲裁？

生活实例

某合伙企业因合伙人增加，向市场监督管理部门申请变更登记，该合伙企业按规定递交了所需的全部资料，市场监督管理部门受理后，审查决定对合伙企业的变更事由不予登记，并出具了《登记驳回通知书》。新入伙的合伙人蒋某认为自己入伙是按照法律程序进行的，市场监督管理部门应该批准。蒋某与其他合伙人商议，就市场监督管理部门的行为向当地仲裁委员会提出仲裁申请，请求仲裁委员会给予公正裁决。那么，对市场监督管理部门的行政审批决定，可以提起仲裁吗？

律师讲解

仲裁是指争议双方在争议发生前或争议发生后达成协议，自愿将争议交给第三者作出裁决，双方有义务执行的一种解决争议的方法。根据《仲裁法》第三条的规定，婚姻、收养、监护、扶养、继承纠纷以及依法应当由行政机关处理的行政争议，不能仲裁。这说明，关于人身的案件和关于行政的案件是不能仲裁的。市场监督管理部门没有通过该合伙企业申请变更的行政审批，属于行政许可事务，是行政争议，不属于可以仲裁的纠纷事项，该合伙企业不得对此提起仲裁。

法条链接

《中华人民共和国仲裁法》

第三条　下列纠纷不能仲裁：

（一）婚姻、收养、监护、扶养、继承纠纷；

（二）依法应当由行政机关处理的行政争议。

237. 达成仲裁协议的当事人是否可以向人民法院提起诉讼？

生活实例

深圳某公司与江苏某公司订立买卖合同，合同约定深圳某公司负责商品运输至江苏某公司，履行地为江苏某公司所在地。双方为了快速有效解决争议，还在合同中约定，发生纠纷由深圳仲裁委员会仲裁解决。在合同履行过程中，深圳某公司交付的商品出现严重质量问题，江苏某公司想到去深圳申请仲裁路途太远非常不便，遂向合同履行地即江苏某公司所在地人民法院提起诉讼。那么，在合同有约定仲裁条款的情况下，人民法院还能受理吗？

律师讲解

仲裁是解决纠纷、争议的方式之一。仲裁机构和法院不同。法院行使国家所赋予的审判权，向法院起诉不需要双方当事人在诉讼前达成协议，只要一方当事人向有审判管辖权的法院起诉，经法院受理后，另一方必须应诉。仲裁机构通常是民间团体的性质，其受理案件的管辖权来自双方协议，没有协议就无权受理。《仲裁法》第五条规定："当事人达成仲裁协议，一方向人民法院起诉的，人民法院不予受理，但仲裁协议无效的除外。"据此说明，仲裁有排除诉讼的作用，如仲裁协议有效，则排除法院管辖。深圳某公司和江苏某公司达成了仲裁条款，无论是深圳某公司还是江苏某公司都不能再向人民法院起诉，人民法院也不应受理。但是如果双方达成的仲裁协议无效，则人民法院应当受理。

法条链接

《中华人民共和国仲裁法》

第五条 当事人达成仲裁协议，一方向人民法院起诉的，人民法院不予受理，但仲裁协议无效的除外。

第二十六条 当事人达成仲裁协议，一方向人民法院起诉未声明有仲裁协议，人民法院受理后，另一方在首次开庭前提交仲裁协议的，人民法院应当驳回起诉，但仲裁协议无效的除外；另一方在首次开庭前未对人民法院受理该案提出异议的，视为放弃仲裁协议，人民法院应当继续审理。

238. 不服仲裁裁决的当事人提起诉讼，人民法院会受理吗？

生活实例

甲、乙两公司签订买卖合同，履行过程中甲公司出现违约事项，乙公司按照事先约定的仲裁协议向有管辖权的仲裁委员会提出仲裁申请，仲裁委员会经审理作出裁决。甲公司不服该裁决，要求重新进行裁决，被仲裁委员会拒绝。甲公司遂向乙公司所在地的人民法院提起诉讼。那么，人民法院会受理吗？

律师讲解

仲裁作为一种解决财产权益纠纷的民间性裁判制度，既不同于解决同类争议的司法、行政途径，也不同于人民调解委员会的调解和当事人的自行和解。《仲裁法》第九条第一款规定："仲裁实行一裁终局的制度。裁决作出后，当事人就同一纠纷再申请仲裁或者向人民法院起诉的，仲裁委员会或者人民法院不予受理。"在我国，仲裁实行一裁终局的制度，仲裁裁决一经仲裁庭作出即发生法律效力。这使得当事人之间的纠纷能够迅速得以解决。甲、乙公司的经济纠纷已经经某仲裁委员会仲裁解决，双方都应当接受，依法不能再提起仲裁。即使甲公司再就同一事实、同一理由向人民法院起诉，人民法院也将不予受理。

法条链接

《中华人民共和国仲裁法》

第九条 仲裁实行一裁终局的制度。裁决作出后，当事人就同一纠纷再申请仲裁或者向人民法院起诉的，仲裁委员会或者人民法院不予受理。

裁决被人民法院依法裁定撤销或者不予执行的，当事人就该纠纷可以根据双方重新达成的仲裁协议申请仲裁，也可以向人民法院起诉。

239. 仲裁协议可以在争议产生之后签订吗？

生活实例

天津某公司与唐山某公司签订买卖合同，在合同履行过程中双方发生纠纷，经协商未能达成一致意见。为了快速解决争议，双方决定通过仲裁的方式解决纠纷，遂订立仲裁协议，约定由石家庄市仲裁委员会仲裁。请问：双方在发生争议后签订的仲裁协议有效吗？

律师讲解

仲裁协议是指双方当事人自愿将他们之间已经发生或者可能发生的争议提交仲裁解决的协议。仲裁协议是双方当事人共同的意思表示，建立在双方当事人自愿、平等和协商一致的基础上，是他们同意将争议提交仲裁的一种书面形式。《仲裁法》第十六条第一款规定："仲裁协议包括合同中订立的仲裁条款和以其他书面方式在纠纷发生前或者纠纷发生后达成的请求仲裁的协议。"该规定说明当事人约定提交仲裁的争议可以是已经发生的，也可以是将来可能发生的，在仲裁协议中需要约定的是有关仲裁的内容。天津某公司和唐山某公司针对已经发生的纠纷签订仲裁协议，约定有确定的仲裁委员会，可以认定为是有效的仲裁协议。

法条链接

《中华人民共和国仲裁法》

第十六条第一款 仲裁协议包括合同中订立的仲裁条款和以其他书面方式在纠纷发生前或者纠纷发生后达成的请求仲裁的协议。

240. 当事人可以自己选定仲裁员吗?

生活实例

甲、乙两公司签订供销合同，在合同中约定了发生争议由仲裁委员会裁决，并约定了采用三人组成仲裁庭的形式裁决。在合同履行过程中，甲公司出现违约情形，乙公司依据双方预先签订的仲裁条款向有管辖权的仲裁委员会提出仲裁申请。乙公司在仲裁委员会受理仲裁申请后选定了一名仲裁员，甲公司当即知道了此事，认为这是仲裁委员会偏心乙公司。那么，仲裁委员会的做法符合法定程序吗?

律师讲解

仲裁庭是对某一争议案件进行仲裁审理活动时的组织形式。根据仲裁庭仲裁员人数，仲裁庭有由一人组成，独任审理的独任仲裁庭，也有由两名仲裁员和一名首席仲裁员组成的合议仲裁庭。根据《仲裁法》第三十一条之规定："当事人约定由三名仲裁员组成仲裁庭的，应当各自选定或者各自委托仲裁委员会主任指定一名仲裁员，第三名仲裁员由当事人共同选定或者共同委托仲裁委员会主任指定。第三名仲裁员是首席仲裁员。当事人约定由一名仲裁员成立仲裁庭的，应当由当事人共同选定或者共同委托仲裁委员会主任指定仲裁员。"所以仲裁员可以由当事人选定，但是该甲、乙两公司各选定一名仲裁员，两名仲裁员不能成立合议仲裁庭，应当由仲裁委员会主任指定或两公司共同选定一名仲裁员为首席仲裁员。如两公司约定独任仲裁，则应当由两公司共同选定或者共同委托仲裁委员会主任指定仲裁员。

法条链接

《中华人民共和国仲裁法》

第三十一条　当事人约定由三名仲裁员组成仲裁庭的，应当各自选定或者各自委托仲裁委员会主任指定一名仲裁员，第三名仲裁员由当事人共同选定或者共同委托仲裁委员会主任指定。第三名仲裁员是首席仲裁员。

当事人约定由一名仲裁员成立仲裁庭的，应当由当事人共同选定或者共同委托仲裁委员会主任指定仲裁员。